Neue Diktatbeispiele
Klassen 5/6

W0463438

Cornelsen
VOLK UND WISSEN

Autor: Prof. Dr. Adelbert Schübel, Universität Potsdam
Redaktion: Helena Fischer, Peter Völk

Der Autor dankt Ulrike Gerling und Christian Pießnack
für Anregungen bei der Textauswahl.

Programmierung elektronischer Fehlerspiegel: Andreas Jäkel
Layout: Sabine Matthes
Umschlaggestaltung: Gerhard Medoch

www.cornelsen.de

2. Auflage, 3. Druck 2010 / 06

Druck: H. Heenemann, Berlin

ISBN 978-3-06-061658-9

Inhalt gedruckt auf säurefreiem Papier aus nachhaltiger Forstwirtschaft.

INHALTSVERZEICHNIS

Zu diesen Diktatbeispielen

Bei den vorliegenden Diktaten handelt es sich fast ausschließlich um Texte aus Kinderbüchern und Kinderzeitschriften, in die unter Berücksichtigung der Vorgaben von Lehrplänen und Rahmenrichtlinien Wörter und Wortformen ausgewählter Rechtschreibphänomene organisch eingefügt wurden. Sie können von Lehrerinnen und Lehrern auch als Anregung zur eigenen Gestaltung genutzt werden.

Die Diktate sind nach stofflichen Schwerpunkten und nach Schwierigkeitsgrad geordnet. Zur besseren Orientierung ist jedes Diktat auf einer gesonderten Buchseite platziert. Der jeweilige stoffliche Schwerpunkt wird in der Überschrift genannt, weitere Schwerpunkte werden mit Angabe der entsprechenden fehlergefährdeten Wörter aus dem Diktat ausgewiesen. Darüber hinaus wird auch auf fehleranfällige Wörter aufmerksam gemacht, die sich keinem der stofflichen Schwerpunkte zuordnen lassen. Die Anzahl der Orthogramme wurde nach Fehlerpotenzial und Häufigkeit des Gebrauchs festgelegt.

Die Sammlung enthält auch Diktate ohne Stoffangabe. Diese können sowohl zu Übungszwecken als auch zur Ermittlung des allgemeinen Standes der orthografischen Kompetenz genutzt werden.

Kontrolldiktate sollten grundsätzlich intensiv vorbereitet und nie unvorbereitet geschrieben werden. Sie stehen am Ende einer Phase von Reaktivierung, Vermittlung, Festigung und Übung. Dabei sollte nicht nur die Note, sondern auch der erreichte Lernzuwachs im Mittelpunkt der Auswertung stehen.

Der angegebene Schwierigkeitsgrad – niedrig, mittel, hoch – wurde unter Berücksichtigung der Länge des Diktats, der Anzahl der fehlergefährdeten Wörter und der Schwierigkeit der Orthogramme festgelegt.

Um unnötige Schreibprobleme bei den Schülerinnen und Schülern zu vermeiden, wird die Schreibung von Eigennamen, Zahlen/Ziffern und besonders schwierigen Wörtern und Wortformen vorgegeben. Dabei handelt es sich um mögliche Vorgaben, die natürlich situationsbezogen verändert werden können.

Diktiereinheiten sind durch Schrägstriche kenntlich gemacht. Die editierbaren Texte auf der beiliegenden CD-ROM bieten lediglich den fortlaufenden Text, sodass sowohl die Textlänge als auch der Schwierigkeitsgrad der konkreten Lern- und Leistungssituation, z. B. durch Kürzungen oder Erweiterungen, leicht angepasst werden können. Spezifische Lernbedingungen können durchaus Änderungen nach oben bzw. nach unten bewirken. Die CD-ROM enthält aber nicht nur sämtliche Diktattexte, sondern auch ein Formular für einen Fehlerspiegel. Der Einsatz bei Fehleranalyse und Berichtigung wird auf Seite 8 detailliert erläutert.

Zur Funktion von Diktaten

Das Wort Diktat wurde aus dem Lateinischen entlehnt – dictatum, das heißt so viel wie „von einem Sprecher zum Nachschreiben vorgesprochen“.

Trotz heftiger Kritik hat das traditionelle Diktat seinen Platz gehalten. Es ist ein effektives und einfach zu praktizierendes Übungsverfahren und eine relativ objektive Kontrollform zur Ermittlung von Rechtschreibkompetenz.

Diktate, insbesondere alternative und modifizierte Diktatformen (S. 6f.), haben auch weiter in der Schule einen festen Stellenwert,

- weil neben Lesen und Schreiben auch das Rechtschreiben zu den allgemeinen Bildungsstandards gehört, was sich in institutionellen Auflagen, wie Rahmenrichtlinien und Festlegungen von Fachkonferenzen, widerspiegelt,
- weil zu seinen von der Lehrerschaft geschätzten Vorzügen, wie effektive Überprüfung des Leistungsstandes, Vergleichbarkeit der Leistungen, Mehrdimensionalität der Übungs- und Kontrollmöglichkeiten, Individualisierung der Rechtschreibprobleme, bis hin zu mehr oder weniger detaillierten Aussagen zur Rechtschreibentwicklung des Einzelnen wenig Alternativen bekannt sind und
- weil aufzuschreiben, was jemand sagt, durchaus einen lebenspraktischen Bezug hat.

Diktiertechnik

Der Diktiervorgang ist methodisch ziemlich anspruchsvoll. Auch das Diktieren, insbesondere in den unteren Klassenstufen, will gelernt sein. Vor dem eigentlichen Diktieren sollte auf eine ruhige und entspannte Arbeitsatmosphäre geachtet werden, um die Konzentration der Schülerinnen und Schüler nicht zu stören.

Der Diktiervorgang selbst beginnt mit dem Vorlesen des gesamten Textes durch die Lehrerin/den Lehrer. Die Schülerinnen und Schüler sollten sich zunächst auf das Textverständnis konzentrieren. Das bedeutet, dass inhaltliche Probleme und unbekannte Wörter vor dem Schreibvorgang geklärt werden müssen. Die ausgewiesenen Wortvorgaben sollten bereits an der Tafel stehen.

Nach dem Schreiben der Überschrift liest die Lehrerin/der Lehrer den ersten Satz vor. Handelt es sich um einen längeren Satz, so wird er dann nach Diktiereinheiten vorgelesen. Bei Nachfragen kann eine Diktiereinheit noch einmal wiederholt werden. Häufiges Nachfragen sollte möglichst vermieden werden, um die Konzentration der Schülerinnen und Schüler nicht unnötig zu belasten. Anschließend wird der ganze Satz noch einmal zusammenhängend vorgelesen. Erst dann kommt der nächste Satz an die Reihe, und zwar wieder in gleicher Abfolge wie der vorherige.

Beim Diktieren ist darauf zu achten, dass alle Schülerinnen und Schüler dem Diktiertempo folgen können. Es sollte so natürlich wie möglich diktiert werden, d. h., auf übertriebene bzw. unnatürliche Artikulation und Intonation sollte verzichtet werden. Nach Abschluss des satzweisen Vorlesens wird der ganze Text noch einmal zusammenhängend vorgetragen und von den Schülerinnen und Schülern kontrollierend mitgelesen.

Danach erhalten die Schülerinnen und Schüler ausreichend Zeit zur stillen Selbstkontrolle und zur eventuellen Korrektur. Erfahrungsgemäß möchten viele von ihnen, nachdem sie ihr Diktat abgegeben haben, gern wissen, wie bestimmte Wörter und Wortformen richtig geschrieben werden. Ihrem Wunsch sollte unbedingt entsprochen werden. Zugleich geben ihre Fragen auch Aufschluss über bestimmte Rechtschreibprobleme, auf die in der Rückgabestunde noch einmal eingegangen werden sollte.

Diktatvarianten

Diktat ist nicht gleich Diktat. In der fachdidaktischen Diskussion gibt es seit längerem Überlegungen zum differenzierten Umgang mit dem traditionellen benoteten Diktat, das in einigen Bundesländern nach wie vor zu den verpflichtenden Aufgaben der Lehrerinnen und Lehrer gehört und auf längere Sicht auch gehören wird, sofern pädagogisch und didaktisch sinnvoll damit umgegangen wird. Da es in keinem Bundesland Vorschriften gibt, wie und in welcher Form Diktate geschrieben werden müssen, bietet es sich an, über alternative, modifizierte Diktatformen nachzudenken, und zwar vor allem über jene, die Schülerinnen und Schülern Mut zum Schreiben machen und ihnen die Angst vor dem Versagen nehmen.

Im Folgenden sollen deshalb einige Vorschläge unterbreitet werden, wie auf der Grundlage dieser Diktatsammlung eine etwas andere Diktatpraxis gestaltet werden kann:

- ***Varianten- oder Jokerdiktat***
  Die Schülerinnen und Schüler erhalten die Möglichkeit, bei Schreibunsicherheit für etwa 4 bis 6 Jokerwörter, die sie selbst festlegen, eine weitere Schreibvariante vorzuschlagen, z. B. *vieleicht – vielleicht*. Wenn eine der beiden Varianten richtig ist, wird kein Fehler bzw. nur ein halber Fehler angerechnet.
  Diese Diktatform honoriert das Suchen nach der richtigen Schreibung. Außerdem gibt sie unmittelbar Einblicke in innere Regelbildungsprozesse der Schülerinnen und Schüler und die Lehrerin/der Lehrer erhält zugleich Auskunft über individuelle Schreibprobleme.

- ***Mitlesediktat***
  Während die Lehrerin/der Lehrer den Diktattext zu Beginn vollständig vorliest, dürfen ihn die Schülerinnen und Schüler auf Projektionsfolie mitlesen.
  Diese Variante hilft vor allem jenen, die mit dem Hörverstehen, vielleicht sogar mit der Diktiersprache (unnatürliche „Rechtschreibsprache“, dialektal bzw. regional gefärbte Aussprachevarietät) Probleme haben, indem neben dem auditiven auch der visuelle Speicher mit aktiviert werden kann.

- ***Zweistufendiktat***
  Bei dieser alternativen Diktatform wird zwischen einem unbenoteten Eingangsdiktat und einem benoteten Ausgangsdiktat unterschieden.
  Das Eingangsdiktat besteht aus einem unbekannten Text mit noch nicht geübtem Wortmaterial. Das Ausgangsdiktat wird durch ein vorangestelltes abwechslungsreiches und intensives Trainingsprogramm vorbereitet, in dessen Mittelpunkt fehleranfällige Wörter und Wortformen des Eingangsdiktats stehen. Bewertet wird der erzielte Lernzuwachs.
  In der Regel kann durch diese Diktatform auch schwächeren Schülerinnen und Schülern demonstriert werden, dass durch verstärkte Übungsintensität der Rechtschreiberfolg nicht ausbleibt, und sie erkennen sofort, worauf sie beim Üben ihre Aufmerksamkeit richten müssen. Das Ausgangsdiktat misst den individuellen Lernfortschritt.

- ***Fehlerdiktat***
  Die Schülerinnen und Schüler erhalten einen Text, der eine Reihe von Fehlern enthält. Ihre Aufgabe besteht darin, diese Fehler herauszufinden und zu korrigieren, wobei sie das Wörterbuch benutzen dürfen.
  Nach der Korrekturbesprechung kann der Text noch als Diktat geschrieben werden. Eine Teilnote für die Korrekturergebnisse ist ebenfalls möglich.
  Die Sorge, dass sich bei dieser Diktatvariante fehlerhafte Schreibungen über die Wortbildspeicherung nachhaltig einprägen, ist unbegründet. Solche Fehlertexte können sehr wohl zur Fehlersensibilisierung beitragen.

- ***Partnerdiktat***
  Die Schülerinnen und Schüler erhalten einen Text, den sie sich gegenseitig diktieren. Bei Partnerdiktaten ist darauf zu achten, jeweils einen stärkeren und einen schwä-

cheren Partner auszuwählen. Dabei sollte zuerst der schwächere diktieren, damit er die Chance hat zu beobachten, wie sein Partner die orthografischen Problemstellen meistert. Zusätzlich kann der stärkere Partner aufgefordert werden, die problematischen Schreibungen laut zu kommentieren. Anschließend wird gewechselt, wobei der schwächere erneut vom stärkeren Partner profitieren kann, indem dieser auf Fehler aufmerksam macht und entsprechende Hilfen gibt.

- ***Puzzle-Diktat***
  Ein zerschnittener Diktattext soll wieder zusammengefügt werden. Diese schwierige Arbeit kann erleichtert werden, wenn der Originaltext als Vorlage gegeben wird. Die Schülerinnen und Schüler lesen zunächst, was auf den einzelnen Schnipseln steht, und setzen diese dann wieder zu einem Text zusammen. Danach vergleichen sie ihn mit dem Original.
  Eine Erhöhung des Schwierigkeitsgrades kann dadurch erfolgen, dass der Teiltext auf dem Schnipsel eingeprägt werden muss. Ist dies geschehen, so wird der Schnipsel umgedreht und der Teiltext aus dem Gedächtnis aufgeschrieben. Zum Schluss wird dann mit dem Original verglichen.

Korrektur und Bewertung

Als Korrekturzeichen haben sich folgende Markierungen bewährt. Sie geben zugleich auch Auskunft über die Art der Korrektur:

- senkrechter Strich (|) Rechtschreibfehler
  (ist als Einzelwort oder Wortgruppe zu korrigieren)
- Kreuz (+) grammatischer Fehler
  (ist in einer Wortgruppe oder im Satz zu korrigieren)
- Auslassungszeichen (V) Weglassen eines Wortes
  (ist in eine Wortgruppe oder einen Satz einzufügen)
- waagerechter Streich (_) Interpunktionsfehler
  (ist im Satz zu korrigieren)
- Wellenlinie (~~) fehlende Umlautzeichen, *i*-Punkte, Trennungsstriche
  (ist in der Regel als Einzelwort zu korrigieren)

Mehrere Fehler in einem Wort werden nur als ein Fehler angerechnet.

Die mehrmalige Falschschreibung ein und desselben Wortes zählt ebenfalls nur als ein Fehler.

Interpunktionsfehler werden als halbe Fehler angerechnet.

Wenn von der Fachkonferenz keine anderen Festlegungen getroffen wurden, können Diktate wie folgt bewertet werden:

0 bis	1,5	Fehler	= Note 1
2 bis	3,5	Fehler	= Note 2
4 bis	6,5	Fehler	= Note 3
7 bis	10,5	Fehler	= Note 4
11 bis	15,5	Fehler	= Note 5
ab	16	Fehler	= Note 6

Analyse und Berichtigung

Mit der Diktatanalyse werden Fehlerschwerpunkte ermittelt, auf deren Grundlage die weitere Arbeit festgelegt wird. Sie kann auf individuelle psychische Ursachen für Fehler aufmerksam machen und gibt Auskunft über bestimmte Fehlergruppierungen, sodass sich für die Unterrichtsgestaltung didaktisch-methodische Konsequenzen ableiten lassen. So empfiehlt es sich, zunächst einen individuellen, schülerbezogenen Fehlerspiegel anzulegen, z. B.:

flüssigkeit, verantwortung, hindernis	(Anzahl)	Paul, Frank, Anna
Wase, Fentil, Wioline	(Anzahl)	Franz, Frank, Jana

Aus diesem Fehlerspiegel kann eine Fehlergruppierung vorgenommen werden, z. B.:
Substantive auf *-keit, -ung, -nis: Flüssigkeit, Verantwortung, Hindernis*
Femdwörter mit *v: Vase, Ventil, Violine*

Fehler müssen berichtigt werden, auch wenn Berichtigungen bei Schülerinnen und Schülern nicht beliebt sind. Allerdings sollten sie abhängig von Fehlerzahl und -art gestaltet werden. Schülerinnen und Schülern mit mehr als 10 Fehlern bringt es wenig, wenn sie jede Fehlerstelle einzeln korrigieren müssen. Abgesehen von der schlechten Note, ist auch die aufwändige Korrektur oder Abschrift des gesamten Textes demotivierend. Es empfiehlt sich daher, besonders bei schwächeren Schülerinnen und Schülern, vier bis sechs Wörter bzw. Fehlerstellen zu markieren, die diese dann berichtigen müssen.

Bei Falschschreibungen wie *flüssigkeit* oder *verantwortung* sollten die Wörter nicht nur richtig aufgeschrieben, sondern es sollte auch eine Begründung für die Großschreibung beigefügt werden, z. B.: „Wörter mit *-ung, -heit, -keit, -schaft, -nis* werden großgeschrieben."

Bei falsch geschriebenen Fremdwörtern mit *v* wie *Wentil* oder *Wioline* sollten die Wörter korrigiert und zwei oder drei Zusammensetzungen bzw. Ableitungen aufgeschrieben werden, z. B. *Ventilator, Ventilkappe; Violinkonzert, Violinbogen*. Auch können weitere Fremdwörter mit *v* im Anlaut gesucht werden, z. B. *Vanille, Villa, violett, Vitrine*.
Zeichensetzungsfehler sollten immer im Satz berichtigt werden, wobei auch die entsprechende Regel mit anzugeben ist, z. B.: „Zwischen Haupt- und Nebensatz steht immer ein Komma."

Bei extremem Rechtschreibversagen kann die Lehrkraft auch vom Positiven, vom Richtiggeschriebenen ausgehen, d. h., sie verzichtet auf den Rotstift und markiert alle Wörter, die normgerecht geschrieben wurden, mit Grün. Ein solches Vorgehen hilft Rechtschreibfrust und Schreibunlust zu vermeiden.

Bei allen Berichtigungsverfahren gilt es, die Schülerinnen und Schüler anzuhalten, Wörterbuch oder Duden heranzuziehen.

Handhabung des elektronischen Fehlerspiegels

Die Anwendung ermöglicht das unkomplizierte Zuordnen fehlerhafter Schreibweisen zu Fehlerarten und automatische Auswertungen zur Häufigkeit dieser Fehlertypen bezogen auf einzelne Schüler oder eine Klasse bzw. Lerngruppe.

- Diktatauswahl: Erfolgt über Klicken auf das Feld Fehlerschwerpunkte. Eine Ansicht des Diktats mit sämtlichen Angaben analog zu diesem Buch liefert ein Klick auf den gelben Pfeil.
- Erfassung Schüler: Mit Ausfüllen einer Schreibzeile erscheint die nächste.
- Fehlerspiegel: Aus der Liste mit allen Wörtern des Diktats in der Reihenfolge ihres Erscheinens durch Klicken auf den Pfeil die im Diktat fehlerhaft geschriebenen Wörter auswählen, Art des Fehlers in der Übersicht markieren und durch Klicken auf den Pfeil ins Feld „bereits erfasste fehlerhafte Schreibungen" übernehmen.
- Statistiken: Liefern Fehlerspiegel eines Schülers in einem Schuljahr, einer Klasse bezogen auf ein Diktat bzw. eines Diktats für alle Schüler nach Schuljahr gelistet.

DIKTAT MIT STOFFANGABE

Schwerpunkt: Wörter mit Doppelkonsonanten

Schwierigkeitsgrad: mittel

Weitere Schwerpunkte	**Fremdwörter** – *organisieren, Klubs, Minuten*
Fehlergefährdete Wörter	– *überall, Fußball, klemmte sich, rannte, bekannte, Querlatten, Mannschaft* – *fast, während, entwickelt, eiförmig, insgesamt*
Mögliche Vorgaben	– *Rugby, Revolution* Hinweis auf die Schreibung der Jahreszahlen *1823, 1863* und der Zahlen *15, 80*

Rugby

Das ist der Name | eines kleinen Städtchens in England. | Dort wurde | wie fast überall | Fußball gespielt. | Aber 1823 | sorgte ein Spieler | für eine kleine Revolution. | Aus Ärger | klemmte er sich | während eines Fußballspiels | den Ball unter den Arm | und rannte damit | über die Torlinie. | Daraus hat sich | das bekannte Rugbyspiel entwickelt. | Schnell steigerte sich seine Beliebtheit. | Seit 1863 organisieren sich | die Spieler in Klubs. |

Vom Fußball unterscheidet sich | dieses Spiel dadurch, | dass die Spieler | den eiförmigen Ball | hinter die Tore tragen | oder über deren Querlatten schießen. | Eine Mannschaft besteht aus 15 Spielern. | Gespielt wird insgesamt 80 Minuten.

98 Wörter

Diktat mit Stoffangabe

Schwerpunkt: Wörter mit Doppelkonsonanten

Schwierigkeitsgrad: niedrig

Fehlergefährdete Wörter	– *zum Essen, Mittelfinger, aufgenommen, beim Essen* – *Stäbchen, fast, Werkzeug, Reiskorn, Technik, geführt, ziemlich*
Mögliche Vorgaben	– *arabisch* Hinweis auf die Schreibung der Zahl *vier*.

10 Messer und Gabel, Stäbchen oder Finger?

In Europa essen fast alle Menschen | mit Messer und Gabel. | Das geht nicht so schnell, | bis wir das richtig gelernt haben. | In anderen Ländern haben die Menschen | zum Essen anderes Werkzeug. |

In China benutzen sie Stäbchen aus Holz. | Die Stäbchen werden vom Mittelfinger, | dem Zeigefinger und dem Daumen gehalten. | Versucht es doch einmal! | Zuerst ist es einfacher, | wenn ihr aus einer Schüssel esst. | Mit etwas Übung könnt ihr bald | ein einzelnes Reiskorn | zwischen eure Stäbchen klemmen. |

In vielen arabischen Ländern | essen die Menschen mit den Fingern. | Auch dafür gibt es eine bestimmte Technik. | Die Speise wird mit vier Fingern | aufgenommen | und zum Mund geführt. | Mit dem Daumen | schiebt man sie dann | in den Mund. | So bleiben die Hände beim Essen ziemlich sauber.

128 Wörter

Diktat mit Stoffangabe

Schwerpunkt: Wörter mit Doppelkonsonanten

Schwierigkeitsgrad: mittel

Weitere Schwerpunkte	**Wörter mit *ä*** *– Nässe, sorgfältig, Blätter, Baumstämme, fällen, verträglich*
Fehlergefährdete Wörter	*– Nässe, Blätter, bekannt, Baumstämme, fällen, unübertroffen*
Mögliche Vorgaben	*– interessant* Hinweis auf die Schreibung der Zahl *25*

Der Biber

Der Biber ist ein interessantes Tier. | Sein Fell ist | wegen des Schutzes vor Nässe | eingefettet. | Nach jedem Bad | reinigt es der Biber | sehr sorgfältig. | Er kann bis zu 25 Jahre alt werden. | Die niedlichen Tiere fressen Rinde | und frische Blätter. | Für den Winter | legen sie sich unter Wasser | einen Vorrat aus Zweigen an. |

Der Eingang zu einem Biberbau | liegt immer unter Wasser. | In seinem großen Schlafraum | könnten zwei Menschen übernachten. |

Bekannt wurden die Biber | vor allem durch ihren Dammbau. | Sie häufen in der Flussmitte | Baumstämme, Steine, | Zweige und Schlamm | zu einer kleinen Insel an. | Von dieser aus bauen sie dann | ihren Damm bis zu den beiden Ufern. | Die Baumstämme fällen sie | in wenigen Minuten. |

Undichte Stellen | werden schnell abgedichtet. | Beim Dammbau sind sie | im Tierreich unübertroffen. |

Die Biber leben verträglich und friedlich | ein ganzes Leben lang in Familien.

140 Wörter

DIKTAT MIT STOFFANGABE

Schwerpunkt: Wörter mit Doppelkonsonanten

Schwierigkeitsgrad: hoch

Weitere Schwerpunkte	**Substantivierte Verben** – *zum Bauen, vor dem Festkleben* **Wörter mit *h*/ohne *h* nach langem Stammvokal** – *wahre, Berührung, ähnelt, Fahrrad, bestehen, Fäden, berühren, ölig* **Komma zwischen Haupt- und Nebensatz**
Fehlergefährdete Wörter	– *flüssig, bekannteste, Spinnennetz, gefressen, klettert, schafft* – *ergibt, klebrig, zusätzlich, Absonderungen*
Mögliche Vorgaben	– *produzieren* Hinweis: Das obligatorische Komma beim erweiterten Infinitiv mit *zu* sollte mitdiktiert werden. *(Sie schafft es, die klebrigen Fäden ...)*

12 Baumeister der Natur

Spinnen sind wahre Künstler, | wenn sie ihre Netze bauen. | Denn sie können in ihrem Hinterleib | flüssige Seide produzieren, | die sie zum Bauen benötigen. | Wenn die Seide mit der Luft | in Berührung kommt, | wird sie fest | und ergibt einen Faden. |

Das bekannteste Spinnennetz ist das Radnetz, | das von den meisten Spinnen gebaut wird. | Es ähnelt dem Rad eines Fahrrades. |

Die Netze der Spinnen bestehen immer | aus zwei verschiedenen Sorten von Fäden. | Die einen Fäden sind klebrig. | Daran bleiben die Fliegen und Mücken hängen. | Diese werden dann | von der Spinne gefressen. |

Die anderen Fäden sind trocken. | Darauf klettert die Spinne | oder liegt auf der Lauer. | Sie schafft es, | die klebrigen Fäden | nicht zu berühren. | Zusätzlich schützen noch ölige Absonderungen | an den Spinnenbeinen | vor dem Festkleben.

126 Wörter

Diktat mit Stoffangabe

Schwerpunkt: Wörter mit Doppelkonsonanten

Schwierigkeitsgrad: hoch

Weitere Schwerpunkte	**Wörter mit *h* / ohne *h* nach langem Stammvokal** – *Giftsprüher, versprühen, nahe, vergehen* **Komma zwischen Haupt- und Nebensatz**
Fehlergefährdete Wörter	– *Bissstelle, kribbelt, Brennnessel, Mittelalter, wussten, brannte, falls, Schwellungen, lässt, das Brennen* – *Säure, gespritzt, zwickt*
Mögliche Vorgaben	– *volllaufen* Hinweis: Das Ausrufezeichen in der Überschrift sollte mitdiktiert werden.

Vorsicht Giftsprüher!

Sie versprühen eine Säure, | mit der Beutetiere getötet werden können. | Sie wird aber auch | gegen jeden gespritzt, | der ihrem Bau zu nahe kommt. | Die Rede ist von den Waldameisen. | Sie beißen ihre Opfer | und spritzen ihnen ihr Gift auf die Haut | und lassen die Bissstelle | mit dem Gift volllaufen. | Das kribbelt und zwickt, | als ob man sich | in die Brennnesseln gesetzt hätte. | Schon im Mittelalter wussten die Bauern, | dass Ameisensäure gegen Schmerzen | in den Gelenken hilft. | Deshalb legten sie | den Arm oder das Bein | auf einen Ameisenhaufen. | Die Säure brannte zwar | stark auf der Haut. | Aber bald darauf | ließen die Schmerzen nach. | Falls dich Ameisen einmal gezwickt haben, | ist das nicht weiter schlimm. | Ihr Gift bewirkt | nur kleine Schwellungen auf der Haut. | Die vergehen schnell. | Wenn du kalte Umschläge machst, | lässt auch das Brennen der Haut schnell nach.

140 Wörter

Diktat mit Stoffangabe

Schwerpunkt: Wörter mit *h* / ohne *h* nach langem Stammvokal

Schwierigkeitsgrad: mittel

Weitere Schwerpunkte	**Wörter mit *-ig*, *-lich*, *-isch*** – *spanisch, tatsächlich, klebrig, zähflüssig, kräftig, einzig, nämlich, verdaulich*
Fehlergefährdete Wörter	– *Kuhbaum, erzählten, Rückkehr, Urwälder, zähflüssig, angenehm, rühren, Schale, mehrere Liter, nahrhaft, nämlich* – *ritzt, Baummilch*
Mögliche Vorgaben	– *Brasilien, interessant, Interesse*

14 **Der Kuhbaum**

Schon die spanischen Eroberer | erzählten bei ihrer Rückkehr | aus den Urwäldern Brasiliens | interessante Geschichten von einem Kuhbaum. | Solche Bäume gibt es tatsächlich. | Ihre Milch ist klebrig, zähflüssig | und schmeckt angenehm. | Sie fließt aus dem Baum, | wenn man den Stamm ritzt. | Die Einheimischen weichen | in dem rohen Saft Brot auf. | Sie rühren die braune Brühe kräftig um | und trinken sie aus einer Schale. |

Ein einziger Baum | kann innerhalb von wenigen Stunden | mehrere Liter | dieser nahrhaften Flüssigkeit absondern. | Allerdings sollte man | nicht so viel davon trinken. | Sie enthält nämlich viel Wachs. | Und Wachs ist für den Magen schwer verdaulich. | Von Interesse ist noch, | dass man aus dieser Baummilch | sogar ohne große Mühe | Kaugummi herstellen kann. *115 Wörter*

Diktat mit Stoffangabe

Schwerpunkt: Wörter mit *h*/ohne *h* nach langem Stammvokal

Schwierigkeitsgrad: hoch

Fehlergefährdete Wörter

– *Uhr, Probleme, aufzustehen, Schale, Ton, langsam, nahmen, Seefahrten, krähten*
– *vielleicht, gar nicht, ließ, misst*

Mögliche Vorgaben

– *Ägypten, Skala, Römer*
Hinweis auf die Schreibung der Zahl *3 300*

Aus der Geschichte der Uhr

Sicher habt ihr eine Uhr | und vielleicht auch einen Wecker. | Ohne diese Zeitmesser | hätten wir Probleme(,) | zur richtigen Zeit aufzustehen. | Schon vor über 3 300 Jahren | konnte man in Ägypten | die Zeit mit einer Wasseruhr messen. | Das war ein einfacher Topf | oder eine Schale aus Ton | mit einem Loch, | aus dem die Flüssigkeit langsam tropfte. | Neben der Wasseruhr gab es die Sonnenuhr. | Sie bestand aus einem Stab | und einer Skala, | auf der die Länge des Schattens | abgelesen werden konnte. | Mit ihr ließ sich aber die Zeit | nur bei Sonnenschein messen. |

Die Römer nahmen auf längere Seefahrten | meist einen Hahn mit. | Mit seinem Schrei sollte er ihnen | den Beginn des Tages ankündigen. | Leider krähten die Hähne | oft mitten in der Nacht | oder gar nicht. |

Heute steuern Atomuhren die Funkuhren | in Wohnungen oder auf Bahnhöfen.

137 Wörter

Diktat mit Stoffangabe

Schwerpunkt: Wörter mit *h* / ohne *h* nach langem Stammvokal

Schwierigkeitsgrad: mittel

Weitere Schwerpunkte	**Komma zwischen Haupt- und Nebensatz**
Fehlergefährdete Wörter	– *entsteht, wehte, drohte, erklären, hohem, strömt, spürst, Jahreszeiten, bescheren* – *gibt*
Mögliche Vorgaben	– *Japaner, ein bisschen, Indien, Monsunwinde*

16 **Wie entsteht Wind?**

Vor langer Zeit glaubten die Japaner, | dass ihr Gott eine riesige Tasche | mit Wind hätte. | Wenn er sie ein bisschen öffnete, | wehte ein leichter Wind. | Wenn er sie dagegen weit aufmachte, | drohte Sturm. |

Heute können wir erklären, | wie Wind entsteht. Er entsteht, | wenn die Luft aus einem Gebiet | mit hohem Luftdruck | in ein Gebiet mit tiefem Luftdruck strömt. | Es gibt viele Arten von Wind. | Nicht immer spürst du einen Unterschied. |

Die großen Winde wehen | das ganze Jahr über. | Andere Winde wehen | nur zu bestimmten Jahreszeiten. | So gibt es in Indien die Monsunwinde. | Sie wehen im Sommer vom Meer her | feucht über das Land. | Im Winter wechseln sie ihre Richtung | und sind dann heiß und trocken. | So bescheren sie Indien | eine feuchte und eine trockene Jahreszeit. *128 Wörter*

Diktat mit Stoffangabe

Schwerpunkt: Wörter mit *h*/ohne *h* nach langem Stammvokal

Schwierigkeitsgrad: niedrig

Fehlergefährdete Wörter	– *natürlich, ruht, entstehen, erholen, wahrscheinlich, Erfahrungen, Ausnahmen* – *beim Schlafen, repariert, aktiv, gibt*
Mögliche Vorgaben	– *Informationen* Hinweis auf die Schreibung der Zahlen *8, 20, 16* und *6*

Warum müssen wir schlafen?

Das weiß niemand so genau. | Natürlich ruht sich unser Körper | beim Schlafen aus. | Vermutlich wird in dieser Zeit | unser Gehirn repariert. | Neue Zellen entstehen(,) | und wir erholen uns | von der Tätigkeit des Tages. |
Unser Gehirn ist auch im Schlaf aktiv. | Es arbeitet in dieser Zeit | die Ereignisse des Tages auf. | Die neuen Eindrücke werden geordnet | und mit älteren Informationen verbunden. | Das hilft uns wahrscheinlich(,) | aus neuen Erfahrungen zu lernen. | Ohne Schlaf würden wir krank. |
Durchschnittlich schlafen wir | 8 Stunden pro Nacht. | Insgesamt verschlafen wir so | über 20 Jahre. | Menschen brauchen unterschiedlich viel Schlaf. | Kleinkinder schlafen 16 Stunden am Tag. | Manche Rentner benötigen | nur 6 Stunden. | Es gibt natürlich auch Ausnahmen. *114 Wörter*

Diktat mit Stoffangabe

Schwerpunkt: Wörter mit *h* / ohne *h* nach langem Stammvokal

Schwierigkeitsgrad: hoch

Weitere Schwerpunkte	**Komma zwischen Haupt- und Nebensatz**
Fehlergefährdete Wörter	– *gefährlich, Gehör, hören, nehmen wahr, Töne, hohe, gestört, umgekehrt, wehren, fliehen, ungewohnt, spüren, gar nichts* – *empfindlich, reagiert, täglich*
Mögliche Vorgaben	– *speziell, Walkman* Hinweis, dass der 3. Satz zwei Nebensätze enthält, die durch Komma abgegrenzt werden müssen

18 Wie kann man sich | vor gefährlichen Hunden schützen?

Hunde haben ein sehr empfindliches Gehör. | Sie hören viel besser als Menschen. | Sie nehmen auch Töne wahr, | die so hoch sind, | dass das menschliche Gehör | nicht mehr auf sie reagiert. |
Spezielle Hundepfeifen | erzeugen solche Töne | mit ganz hohen Schwingungen. | Mit ihnen kann man | seinen Hund rufen, | ohne dass jemand gestört wird. | Umgekehrt kann man Hunde | mit einem Lärmsender auch verjagen. | Ein solches Gerät wurde | vor allem für Briefträger | und alle anderen Menschen entwickelt, | die sich gegen bissige Hunde | täglich wehren müssen. | Ein kleiner Druck auf das Gerät | von der Größe eines Walkmans genügt(,) | und die gefährlichen Tiere fliehen | vor dem ungewohnten Lärm. | Menschen spüren davon gar nichts. | Auf das empfindliche Hundeohr | wirkt der Lärm so stark | wie ein startendes Düsenflugzeug.

128 Wörter

Diktat mit Stoffangabe

Schwerpunkt: Wörter mit *i, ie, ih, ieh*

Schwierigkeitsgrad: mittel

Weitere Schwerpunkte	**Wörter mit *h* / ohne *h* nach langem Stammvokal** – *Postgebühren, empfiehlt, bezahlen, Belohnung, Ehren, Denkmal, versehen*
Fehlergefährdete Wörter	– *Briefmarke, empfiehlt, Schwierigkeiten, erhielt, kontrollieren, Maschinen* – *anfänglich*
Mögliche Vorgaben	Hinweis auf die Schreibung der Jahreszahl *1840* Das Komma vor *ob* im letzen Satz sollte in der 5. Klasse mitdiktiert werden.

Die erste Briefmarke der Welt

Die erste Briefmarke der Welt | wurde im Jahre 1840 | an den Postschaltern in England verkauft. | Schon damals hatte sie | auf der Rückseite | eine Klebeschicht. | Als ihr Erfinder | gilt ein englischer Lehrer. | In einem Buch über Postgebühren | empfiehlt er, | dass der Absender eines Briefes | die Zustellgebühren bezahlen sollte. | Als Nachweis musste dieser | die entsprechenden Briefmarken | auf den Umschlag kleben. | Nach anfänglichen Schwierigkeiten | setzte sich die Briefmarke | in vielen Ländern durch. | Für die Erfindung der Briefmarke | erhielt der Lehrer | eine hohe Belohnung. | In London wurde ihm zu Ehren | auch ein Denkmal errichtet. | Bald wurde die Briefmarke | in der ganzen Welt immer beliebter. | Heute kontrollieren Maschinen, | ob die Briefe auch mit den richtigen Briefmarken | versehen worden sind.

119 Wörter

Diktat mit Stoffangabe

Schwerpunkt: Wörter mit *i, ie, ih*

Schwierigkeitsgrad: mittel

Weitere Schwerpunkte	**Wörter mit Doppelkonsonanten** – *Himmel, Millionen, beherrschten, Kilogramm, Männchen, messerscharf, schwirren*
Fehlergefährdete Wörter	– *riesig, ziemlich, Kilogramm, Kilometer, das Fliegen, schwierig, viel* – *zurücklegen, gibt*
Mögliche Vorgaben	– *Flugsaurier, ohne weiteres, weiterfliegen* Hinweis auf die Schreibung der Maß- und Zahlenangaben *100 Kilogramm, 500 Kilometer, 10 000*

Flugsaurier am Himmel

Es muss ein tolles Schauspiel gewesen sein, | das sich vor Millionen Jahren | am Himmel abspielte. | Damals beherrschten riesige Flugsaurier | den Luftraum. | Ihre Flügel waren so groß | wie die Tragflächen kleiner Flugzeuge. | Die Tiere selber aber waren | mit rund 100 Kilogramm ziemlich leicht. | So konnten sie am Tag | ohne weiteres | 500 Kilometer zurücklegen. | Das Fliegen war für sie ein Kinderspiel. | Nur bei der Partnersuche | wurde es für die Riesen schwierig. | Alle Jahre wieder trafen sie sich | auf einer kleinen Insel | in der Nähe von Spanien. | In blutigen Kämpfen um die Weibchen | fügten sich die Männchen | mit ihren messerscharfen Zähnen | oft schwere Verletzungen zu. | Viele Männchen konnten dann | nicht mehr weiterfliegen. |

Heute gibt es keine Saurier mehr. | Dafür schwirren aber | fast 10 000 Vogelarten durch die Luft.

127 Wörter

Diktat mit Stoffangabe

Schwerpunkt: Wörter mit *i, ie, ih, ieh*

Schwierigkeitsgrad: mittel

Fehlergefährdete Wörter	– *sieht, schließlich, vielleicht, gerieten, geliefert, geschieht, Maschinen* – *Papierhersteller, reißt*
Mögliche Vorgaben	– *Chinesen, China, arabisch, Arabien* Hinweis auf die Schreibung der Zahl *2 000*

Wer hat das Papier erfunden? 21

Der erste Papierhersteller war die Wespe. | Sie reißt kleine Holzfasern ab | und weicht sie mit ihrem Speichel | zu einem Brei auf. | Das sieht nicht sehr fein aus. | Aber daraus baut sie | schließlich ihr Nest. |
Vielleicht haben die Chinesen | die Papierherstellung von den Wespen abgeschaut. | Die Chinesen gelten | als die Erfinder des Papiers. | Papier gibt es in China | schon seit über 2 000 Jahren. | Über viele Jahrhunderte | bewahrten die Chinesen ihr Geheimnis. | Dann gerieten chinesische Papiermacher | in arabische Gefangenschaft. | So lernte man auch in Arabien | die Kunst der Papierherstellung kennen. | Im Mittelalter brachten Reisende | die Kunde vom Papier | mit nach Europa. | Bald wurde es auch nach Deutschland geliefert. | Hier konnte man es aber | schon bald selbst herstellten. | Heute geschieht das | mit modernsten Maschinen.

126 Wörter

DIKTAT MIT STOFFANGABE

Schwerpunkt: Wörter mit *i, ie, ih, ieh*

Schwierigkeitsgrad: mittel

Weitere Schwerpunkte	**Fremdwörter** – *Nektar, Vitamine, Maschine, Arzt*
Fehlergefährdete Wörter	– *fließen, ziemlich, schwierig, Vitamine, Maschine, empfiehlt* – *Waben, Blüten, entdeckt*
Mögliche Vorgaben	Hinweis auf die Schreibung der Maßangabe *100 Gramm* und der Zahl *eine Million* Das Komma im 5. Satz sollte in der 5. Klasse mitdiktiert werden.

22 Woraus wird Honig gemacht?

Honig wird aus dem Nektar | von Blüten gemacht. | Die Bienen tragen ihn in den Bienenstock | und lassen ihn in die Waben fließen. | Danach dicken sie den Nektar ein. | Das ist eine ziemlich schwierige Arbeit. | Sie müssen ihn immer wieder | von einer Zelle zur anderen befördern, | bis er ganz eingedickt ist. | Der Bienenmagen versorgt | den nun schon fast fertigen Honig | noch mit Vitaminen | und anderen Stoffen, | die ihn keimfrei machen. | Deswegen bleibt Honig | viele Jahre lang frisch. |
Zur Herstellung von 100 Gramm Honig | müssen die fleißigen Bienen den Nektar | von etwa einer Million Blüten einholen. | Dabei hilft ihnen keine Maschine. | Der Honig verfügt | über wundersame Heilkräfte. | Bei Erkältungen zum Beispiel | empfiehlt der Arzt auch Honig. | Man entdeckt immer neue Wirkstoffe | in diesem köstlichen Saft.

127 Wörter

Diktat mit Stoffangabe

Schwerpunkt: Wörter mit *e/ä, eu/äu*

Schwierigkeitsgrad: mittel

Weitere Schwerpunkte	**Wörter auf *-ig/-lich*** – *unzertrennlich, gewaltig, wirtschaftlich, häufig*
Fehlergefährdete Wörter	– *schlägt, Gänse, Männchen, abwechselnd, beträgt, Zentner, am Aussterben, trägt, häufig, vermehrt* – *ungenutzte*
Mögliche Vorgaben	– *Gämsen, Horste, aufeinandergeschichtet* Hinweis auf die Schreibung der Zahlen *vier, fünf, zwei, drei* und *zehn*

Der Steinadler

Der Steinadler ist ein großer und starker Vogel. | Er jagt Füchse, | Gämsen und Rehe | und schlägt Hasen und Gänse. | Männchen und Weibchen sind über Jahre | als Paare unzertrennlich. | Sie nisten abwechselnd | an vier oder fünf Stellen. | Ihre Nester sind gewaltige Bauwerke. | Man nennt sie Horste. | Die Höhe eines Horstes | beträgt etwa zwei Meter | und die Breite drei Meter. | Die aufeinandergeschichteten Zweige | wiegen mehrere Zentner. | Leider sind die Adler | heute sehr selten geworden. | In Deutschland | soll es höchstens noch zehn Tiere | in der freien Natur geben. | Schuld am Aussterben | trägt die wirtschaftliche Erschließung | bisher ungenutzter Landschaften. |

Steinadler werden häufig im Zoo gehalten. | Aber nur in einem einzigen Tiergarten in Amerika | haben sich die seltenen Tiere | bisher vermehrt.

118 Wörter

DIKTAT MIT STOFFANGABE

Schwerpunkt: Wörter mit *e/ä, eu/äu*

Schwierigkeitsgrad: mittel

Fehlergefährdete Wörter	– *Städte, bedeutende Gebäude, Abwässer, Kanäle, Bäche, heute, Abfälle, Plätze, Seuchengefahr, vorzubeugen* – *außerhalb*
Mögliche Vorgaben	– *Griechenland, Athen, existieren, Toiletten, Kanalisation* Hinweis auf die Schreibung der Zahlen *2 000* und *250 000*. In der 5. Klasse sollten die Kommas in den Satzgefügen und vor der Infinitivgruppe im letzten Satz mitdiktiert werden.

24 Der Müll im alten Griechenland

Auch im alten Griechenland | gab es große Städte | mit bedeutenden Gebäuden. | In Athen lebten vor über 2 000 Jahren | etwa 250 000 Menschen. | Ohne Müllbeseitigung konnten auch damals | so große Städte nicht existieren. | Bei den Griechen gab es schon | öffentliche Toiletten, Kanalisation | und feste Vorschriften zur Beseitigung des Hausmülls. | Die Abwässer wurden | in unterirdischen Kanälen und Bächen | bis zur Küste geleitet. | Das führte zu Umweltproblemen. | War ein Haus | nicht mit der Kanalisation verbunden, | so leitete man den Schmutz | auf die Straßen. | Man kann sich heute kaum vorstellen, | wie es in solchen Straßen | gestunken haben muss. | In Athen gab es aber auch | schon eine Müllabfuhr. | Sie musste die Abfälle auf Plätzen | außerhalb der Stadt abladen, | um einer möglichen Seuchengefahr vorzubeugen.

122 Wörter

Diktat mit Stoffangabe

Schwerpunkt: Wörter mit *e/ä, eu/äu*

Schwierigkeitsgrad: mittel

Weitere Schwerpunkte	**Wörter auf *-ig, -lich, -isch*** *– eigentlich, niedrig, nämlich, wichtig*
Fehlergefährdete Wörter	*– Nähe, fährt, Leute, Bänke, Bäume, Sträucher, nämlich* *– Urwald, gibt, beim Schreiben, Computer*
Mögliche Vorgaben	*– südamerikanisch, Amazonas*

Eine kleine Schule im Urwald

Die Schule liegt in einem Dorf | mitten im Regenwald | in der Nähe des südamerikanischen Flusses Amazonas. | In das Dorf fährt kein Zug | und fliegt kein Flugzeug. | Die Kinder kennen keine Autos. | Auch Fernseher haben sie | noch nie gesehen. | Um das Dorf herum | gibt es eigentlich nur Wälder(,) | und als Straße benutzen die Leute | einen kleinen Fluss. | Leider ist die kleine Schule sehr arm. | Geld für Stühle und Tische | gibt es nicht. | Die Kinder müssen deshalb | auf dem Boden sitzen. | Beim Schreiben legen sie ihr Papier | auf niedrige Bänke. | Die Schulbücher | wurden von den Lehrern selbst geschrieben. | Flugzeuge, Computer und Autos | kommen darin nicht vor. | Dafür erfahren die Mädchen und Jungen | viel über die verschiedenen Bäume, | Sträucher, Schlangen und Fische. | Das ist nämlich sehr wichtig, | weil sie ja mitten in der Natur leben.

137 Wörter

Diktat mit Stoffangabe

Schwerpunkt: Wörter mit *e/ä*

Schwierigkeitsgrad: mittel

Fehlergefährdete Wörter

- *längste, Grenze, Länge, schlängelt sich, quer, Kängurus, Gelände*
- *galt, fast, gibt, Draht*

Mögliche Vorgaben

- *die Chinesische Mauer, Australien, australisch, Australier, Dingos*

Hinweis auf die Schreibung der Maßangaben *10 Meter, 3500 Kilometer, 5500 Kilometer* und der Jahreszahl *1960*
Das Komma nach der Infinitivgruppe im vorletzten Satz sollte mitdiktiert werden.

26 Die längste Grenze der Welt

Lange Zeit galt die Chinesische Mauer | als längste feste Grenze der Welt. | Sie ist fast 10 Meter breit | und 3500 Kilometer lang. | In Australien aber gibt es | einen Zaun aus Draht | mit einer Länge von über 5500 Kilometern. | Man nennt ihn den australischen Hundezaun. | Dieser schlängelt sich | quer durch den Kontinent. | Er trennt keine Menschen, | sondern Tiere voneinander. | Der Zaun schützt die riesigen Schafherden | vor den zahlreichen wilden Hunden. | Die Australier nennen diese Hunde Dingos. | Was sich im Busch bewegt, | wird von ihnen gefressen. | Auf ihrer Speisekarte stehen | Schlangen, Kängurus und Kaninchen. | Zu ihrer Lieblingsspeise gehören Schafe. | Um die Schafe vor den Hunden zu schützen, | bauten die Schafzüchter | auf ihrem Gelände jeweils riesige Zäune. | Diese Hundezäune wurden 1960 | zu einem einzigen großen Zaun verbunden.

129 Wörter

Diktat mit Stoffangabe

Schwerpunkt: Wörter mit *e/ä*

Schwierigkeitsgrad: mittel

Weitere Schwerpunkte	**Wörter mit Doppelkonsonanten** – *Wassertransport, herrscht, bekanntlich, angepasst, Steppen, Gewässer, schaffen, nachlässt, Schwämme*
Fehlergefährdete Wörter	– *Gewässer, Mägen, Gläser, nachlässt, Männchen, entfernten, Tränke, länger, nämlich, Schwämme* – *fast*
Mögliche Vorgaben	– *vollsaugen*

Wassertransport in der Wüste

In der Wüste herrscht bekanntlich | großer Wassermangel. | Die Bewohner haben sich | auf unterschiedliche Art und Weise | an die Trockenheit angepasst. | Eine ganz tolle Wasserversorgung | haben die Flughühner entwickelt. | Diese Vögel werden etwa | so groß wie Tauben. | Flughühner bewohnen Steppen und Wüsten. | Manche bringen ihr Wasser | von fernen Gewässern | in ihren Mägen heran. | Dort können sie | fast zwei Gläser Wasser aufbewahren. | Andere Flughühner schaffen das Wasser | mit ihrem Gefieder heran. | Wenn die Hitze nachlässt, | fliegen die Männchen am Abend | zur weit entfernten Tränke. | An dieser Wasserstelle | nehmen sie ein längeres Bad. | So kann sich ihr Gefieder | mit Wasser vollsaugen. | Nach ihrer Rückkehr saugen die Jungen | die feuchten Federn aus. | Die Bauchfedern sind nämlich | wie nasse Schwämme | gut für die Wasseraufnahme geeignet.

124 Wörter

Diktat mit Stoffangabe
Schwerpunkt: Wörter mit *ei/ai*
Schwierigkeitsgrad: mittel

Weitere Schwerpunkte	**Substantivierte Verben** – *beim Erhitzen, beim Erwärmen* **Wörter mit Konsonantenhäufung** – *Wassertröpfchen, verdampfen, platzt, gestülpt*
Fehlergefährdete Wörter	– *Maiskörner, weiße, Hai, Kaiser, Mai* – *fast, salzig, benötigt, flockig*
Mögliche Vorgaben	– *Popcorn, Explosion* Hinweis: In der 5. Klasse sollten die Kommas (Ausnahme Aufzählung) und der Doppelpunkt mitdiktiert werden.

28 Popcorn

Popcorn isst fast jedes Kind gern. | Einige mögen Popcorn eher süß, | andere eher salzig. | Die Herstellung von Popcorn ist ganz leicht. | Dazu benötigt man lediglich Maiskörner. | Beim Erhitzen springen die Körner | im Topf herum. | Warum ist das so? | Maiskörner sind außen ganz trocken. | Innen enthalten sie aber | viele kleine Wassertröpfchen. | Beim Erwärmen verdampfen diese Tröpfchen | und breiten sich daher aus. | Im Innern der Körner | entsteht dann ein solcher Druck, | dass die äußere Hülle | an einer Stelle platzt. | Die Körner schießen wie kleine Raketen | im Topf herum. | Von der gelben Hülle | ist nach dieser Explosion | nicht mehr viel zu sehen. | Das weiße Innere hat sich | ganz flockig über sie gestülpt. | Übrigens: Mais schreibt man wie Hai, Kaiser | und den Monat Mai mit ai.

123 Wörter

Diktat mit Stoffangabe

Schwerpunkt: Wörter mit *f*, *v*, *ph*

Schwierigkeitsgrad: niedrig

Weitere Schwerpunkte	**Wörter mit *h* / ohne *h* nach langem Stammvokal** – *durchbohren, Töne, Frühjahr*
Fehlergefährdete Wörter	– *Phase, Larven, verbringt, verpuppt sich, fertig, beim Fliegen, viele, Öffnungen, verstecken sich, Frühjahr* – *Tümpel, Jagd*

Über das Leben der Mücken

Die Mücke verbringt | die erste Phase ihres Lebens | auf dem Wasser. | Das Mückenweibchen legt seine Eier | in einem Teich oder Tümpel ab. | Nach drei oder vier Tagen | schlüpfen kleine Larven aus den Eiern. | Die junge Mücke | verbringt etwa drei Wochen als Larve. | Danach verpuppt sie sich. | Nach einiger Zeit | kriecht die fertige Mücke | als Männchen oder Weibchen | aus der Puppenhülle heraus. | Nur das Weibchen kann die Haut | von Menschen und Tieren durchbohren | und mit ihrem Rüssel | das Blut aufsaugen. | Die Weibchen erkennt man auch | an den hohen Tönen beim Fliegen. | Diese werden durch die vielen kleinen Öffnungen | im gesamten Körper erzeugt. |

Die Männchen sterben im Herbst. | Die Weibchen verstecken sich im Winter | in warmen Löchern. | Im Frühjahr machen sie dann | wieder Jagd nach frischem Blut.

130 Wörter

Diktat mit Stoffangabe

Schwerpunkt: Wörter mit *f, v, ph*

Schwierigkeitsgrad: mittel

Weitere Schwerpunkte	**Wörter auf *-ig, -lich, -isch*** – *eigentlich, vielfältig, technisch, unterschiedlichste, vermutlich*
Fehlergefährdete Wörter	– *Geografie, Geograf, vielfältig, Vulkane, Naturkatastrophen, Veränderungen, Erdoberfläche, verwenden, vermessen, vervollständigen, Verwendung, vermutlich, viel Fantasie* – *außerdem*
Mögliche Vorgaben	– *Radar, Satelliten* Hinweis auf Schreibvarianten bei *Geografie (Geographie), Geografen (Geographen), Foto (Photo), Fantasie (Phantasie)* und auf die Schreibung der Zahl *5 000*

30 Was ist eigentlich Geografie?

Geografie ist die Wissenschaft | von den Eigenschaften der Erde. | Man nennt sie auch Erdkunde. | Geografen untersuchen die Landschaften der Erde | und die vielfältigen Beziehungen der Menschen | zu diesen Landschaften. | Erforscht werden zum Beispiel Flüsse und Wüsten, | Vulkane und Gebirge, | große Naturkatastrophen | und die Veränderungen der Erdoberfläche | durch menschliche und natürliche Einflüsse. | Die Geografen untersuchen | und erforschen die Landschaft | und zeichnen Landkarten. | Sie verwenden technische Mittel | wie Radar oder Fotos von Satelliten. | Mit solchen Geräten erfassen | und vermessen sie | die Erdoberfläche sehr genau. | Aus den Messungen entwickeln oder vervollständigen sie | Landkarten für die unterschiedlichsten Verwendungen. |

Grobe Karten der eigenen Umgebung | zeichneten die Menschen | vermutlich schon vor 5 000 Jahren. | Mangelndes Wissen ersetzten sie durch viel Fantasie.

118 Wörter

DIKTAT MIT STOFFANGABE

Schwerpunkt: Wörter mit *f/v*

Schwierigkeitsgrad: hoch

Weitere Schwerpunkte	**Wörter mit Konsonantendopplung** – *Kartoffel, zufällig, verfüttert, erkannte, essbar*
Fehlergefährdete Wörter	– *fielen, zufällig, viel, ungefährlich, Früchte, vergiftete, Vieh, Vase, verfüttert, verwendet* – *Entdeckung, schließlich, erreichte*
Mögliche Vorgaben	– *Kolumbus, Francis Drake, preußisch, europäisch* Hinweis auf die Schreibung der Zahlen *50, 100* und der Jahreszahl *1580*

Über die Entdeckung der Kartoffel

Es war nicht Kolumbus, | der Kartoffeln mit nach Europa brachte. | Erst 50 Jahre später | fielen sie den spanischen Eroberern | zufällig in die Hände. | Aber in Europa wusste man | mit der Kartoffel nicht viel anzufangen. | Man aß | die nicht ungefährlichen grünen Früchte | und vergiftete sich so. | Die Kartoffel wurde nicht einmal | an das Vieh verfüttert. | Nur die Blätter mit den gelben Blüten | wurden in der Vase | als Zimmerschmuck verwendet. |
Der englische Pirat Francis Drake | schaffte die Kartoffel im Jahre 1580 | zum zweiten Mal nach Europa. | Aber erst 100 Jahre später | erkannte man in England, | dass nur die Knolle essbar ist. |
Schließlich erreichte die Kartoffel auch Deutschland. | Der preußische König | zwang die Bauern(,) | Kartoffeln anzubauen. | So wurde die Kartoffel | zu einem wichtigen Nahrungsmittel | für Mensch und Tier. Bald gelangte sie auch | in andere europäische Länder | und wurde dort heimisch. | Sie erfreut sich auch heute noch | großer Beliebtheit.

150 Wörter

DIKTAT MIT STOFFANGABE

Schwerpunkt: Wörter mit *z, tz, tzt, ts*

Schwierigkeitsgrad: niedrig

Weitere Schwerpunkte	**Komma zwischen Haupt- und Nebensatz**
Fehlergefährdete Wörter	– *Katzenaugen, nachts, Kreuzung, schwarze, Rätsel, blitzende, jetzt, bezeichnet, zurückwirft, des Lichts, erzeugen* – *Rückstrahler, Fahrrad*
Mögliche Vorgaben	Hinweis: In der 5. Klasse sollten die Kommas mitdiktiert werden.

32 Katzenaugen

Wenn Katzen nachts | an einer Kreuzung sitzen | und in den Lichtstrahl eines Autos geraten, | leuchten ihre Augen grün. | Von den schwarzen Katzen | sind dann nur die Augen zu sehen. | Das Rätsel ihrer blitzenden Augen | ist jetzt gelöst worden. | Katzen haben im Innern ihrer Augen | einen Stoff, | der das einfallende Licht zurückwirft. | Deshalb bezeichnet man ja auch | die Rückstrahler am Fahrrad | als Katzenaugen. | Die Augen der Katzen | werfen selbst geringe Mengen | des Lichts zurück. | Sie scheinen dann selbst zu leuchten. | In völliger Finsternis | bleiben aber auch die Katzenaugen dunkel, | weil sie kein eigenes Licht erzeugen können. | Auch am Tage leuchten die Augen. | Nur bemerken wir es nicht, | weil Tageslicht viel zu hell ist. *113 Wörter*

Diktat mit Stoffangabe

Schwerpunkt: Wörter mit *z, tz, zz, zt, ts*

Schwierigkeitsgrad: mittel

Weitere Schwerpunkte	**Wörter auf *-ig, -lich, -isch*** – *gefährlich, seitlich, russisch, riesig, witzig*
Fehlergefährdete Wörter	– *Holz, verletzen, stets, Arzt, vorwärts, Skizze, witzig, bezeichnete, Sitzplatz, ganz, inzwischen, Strapaze* – *Fahrrad, das Aufsteigen*
Mögliche Vorgaben	– *Leonardo da Vinci, Tretkurbel* Hinweis auf die Schreibung der Zahlen *500, 300* und der Jahreszahl *1817* Das Komma vor dem erweiterten Infinitiv am Ende des 1. Absatztes sollte mitdiktiert werden.

Das Fahrrad

Die ersten Fahrräder bestanden aus Holz. | Sie waren schwer und gefährlich. | Man konnte sich leicht damit verletzen. | Es war ratsam, | wenn man stets einen Arzt in der Nähe hatte. | Der Fahrer musste sich seitlich | wie beim Roller | mit den Füßen abstoßen, | um vorwärtszukommen. |

Die erste Skizze eines Fahrrads | entstand schon vor 500 Jahren | von dem berühmten Künstler | und Wissenschaftler Leonardo da Vinci. | 300 Jahre später baute ein russischer Schlosser | das erste brauchbare Fahrrad. | Das erste deutsche Fahrrad | wurde 1817 entwickelt. | Das Vorderrad war riesig groß. | Das sah witzig aus. | Man bezeichnete es als Hochrad. | Der Fahrer hatte seinen Sitzplatz ganz oben. | Inzwischen hatte das Fahrrad | auch eine Tretkurbel bekommen. | Da das Aufsteigen eine Strapaze war, | wurden später Fahrräder | mit zwei gleich großen Rädern entwickelt. | Mit ihnen konnte man bald | schneller als mit den Hochrädern fahren.

137 Wörter

Diktat mit Stoffangabe

Schwerpunkt: Wörter mit *z, tz, zz, zt, ts*

Schwierigkeitsgrad: hoch

Weitere Schwerpunkte	**Wörter mit Konsonantendopplung** – *Industrieabfälle, Ölteppich, Schaffung, Eingriffe*
Fehlergefährdete Wörter	– *ganze, Ozeane, stets, Pflanzen, verschmutzt, Tierärzte, geschützt, jetzt, begrenzen, Umweltverschmutzung* – *verunglücken, verseucht, vielleicht*
Mögliche Vorgaben	Hinweis auf die Schreibung der Jahreszahl *1967* und der Zahl *100 000* In der 5. Klasse sollten die Kommas mitdiktiert werden, ausgenommen das Komma in der Aufzählung im vorletzten Satz.

34 Naturschutz

Ganze Regionen und Ozeane | werden durch Industrieabfälle | immer stärker belastet. | Wenn Öltanker verunglücken, | verseucht oft eine Ölpest ganze Küsten. | Sie bringt stets | Pflanzen und Tieren den Tod | und verschmutzt die Strände. | Mehr als 100 000 Seevögel | kamen 1967 in dem schwarzen Ölteppich um, | der sich um einen Tanker ausgebreitet hatte. | Da konnten auch Tierärzte nicht mehr helfen. |

Der Naturschutz bemüht sich | um die Schaffung von Naturparks und Nationalparks. | Nur so können Tiere und Pflanzen | geschützt und erhalten werden. |

Im Kampf gegen Eingriffe | in das natürliche Gleichgewicht | arbeiten Naturschutz und Umweltschutz | jetzt noch enger zusammen. | Neue Gesetze sollen | die Belastung der Luft, | des Wassers und des Bodens | stark begrenzen. | Vielleicht gehen dann auch | viele Erkrankungen von Menschen zurück, | die durch Umweltverschmutzung entstehen.

121 Wörter

Diktat mit Stoffangabe

Schwerpunkt: Wörter mit *x, chs, gs, ks, cks*

Schwierigkeitsgrad: mittel

Fehlergefährdete Wörter

– *fixe, Fuchs, Luchs, links, Keks, boxen, Dachse, Farbkleckse, verwechseln, rings, Hexerei*
– *nämlich, drängeln*

Mögliche Vorgaben

– *flugs* (veraltet für *schnell*)
Hinweis: Das Komma im letzten Satz sollte mitdiktiert werden.

Fixe Kerlchen

Was ist denn das? | Vorsichtig schaut ein schmales Köpfchen | mit zwei listigen Augen | aus der Erdhöhle. | Ist es ein Fuchs | oder gar ein Luchs? | Links neben der Höhle | liegt nämlich ein Keks. | Plötzlich stürzen sich | zwei niedliche Kerlchen | auf den Keks. | Sie boxen und drängeln sich | um die leckere Speise. | Es sind kleine Tierchen | mit einem langen und schmalen Kopf. | Das müssen Dachse sein. | Durch die Form ihres Kopfes | mit den weißen Streifen und Farbklecksen | kann man sie nicht verwechseln. |
Bei dem Streit ist der Keks | in zwei Teile gebrochen. | Nun schnappt sich jeder ein Stück(,) | und flugs sind sie wieder verschwunden. | Rings um den Bau | ist wieder alles ruhig. | War das nur eine Hexerei | oder ein Traum? | Ganz bestimmt nicht, | denn Dachse sind fixe Kerlchen. *128 Wörter*

Diktat mit Stoffangabe

Schwerpunkt: Wörter mit *x*, *chs*, *gs*

Schwierigkeitsgrad: mittel

Weitere Schwerpunkte	**Wörter mit *h* / ohne *h* nach langem Stammvokal** – *holt, Nahrung, gewöhnlich, Frühjahr*
Fehlergefährdete Wörter	– *Wüstenluchs, Dachse, Füchse, Hexerei, unterwegs, Eidechsen, sechs, Nachwuchs, fixe* – *Leichtigkeit, Geschwindigkeit, verschiedene*
Mögliche Vorgaben	Hinweis auf die Schreibung der Zeitangabe *sechs Uhr abends*

36 Der Wüstenluchs

Der Wüstenluchs ist unglaublich schnell | und stark im Angriff. | Er holt mit Leichtigkeit Hasen, | Dachse und Füchse ein. | Mit hohen und kräftigen Sprüngen | fängt er sogar Vögel, | die tief fliegen. | Bei ihm ist Geschwindigkeit keine Hexerei. |

Er lebt in Wüsten | und kann unterwegs | lange ohne Wasser auskommen. | Ihm reicht die Flüssigkeit | in den Körpern der Tiere, | die ihm als Nahrung dienen. | Das sind gewöhnlich | verschiedene Arten Nagetiere, | Vögel oder Eidechsen. | Im Winter und im Frühjahr | jagen die Wüstenluchse am Tage. | In heißen Sommern | gehen sie dagegen nur | ab sechs Uhr abends auf die Jagd. | Zur Sicherung seines Nachwuchses | wird der fixe und kluge Jäger | auch in einigen Tiergärten der Welt gezüchtet.

113 Wörter

DIKTAT MIT STOFFANGABE

Schwerpunkt: Wörter mit *s, ss, ß*

Schwierigkeitsgrad: niedrig

Weitere Schwerpunkte	**Wörter mit *g/k*** – *Sandkörner, reflektiert, Sandkörnchen, dringt, direkt*
Fehlergefährdete Wörter	– *Nässe, nass, fast, weiß, Wasserschicht, außen* – *färben, verschluckt, sieht, glitzert, das Glitzern*
Mögliche Vorgaben	– *reflektiert, verursacht, direkt* Hinweis: In der 5. Klasse sollte das Komma vor *denn* mitdiktiert werden.

Nässe macht dunkel

Nasser Sand sieht | dunkler aus als trockener. | Und dabei ist Wasser doch farblos | und kann den Sand | nicht dunkel färben. |

Das Sonnenlicht wird von trockenen Sandkörnern | sehr gut reflektiert. | Darum sieht trockener Sand | auch fast weiß aus. | Feuchte Sandkörnchen | sind von einer dünnen Wasserschicht umgeben. | Diese verschluckt einen Teil des Lichts, | denn viele Lichtstrahlen | werden nach unten reflektiert. | Dadurch dringt ein Teil des Lichts | nicht nach außen. | Der Sand sieht deshalb dunkel aus. | Auf dem dunklen Sand glitzert es auch | an einigen Stellen wie Eis. | Das Glitzern wird von den Lichtstrahlen verursacht. | Diese werden direkt an der Oberfläche | der Wasserschicht reflektiert.

104 Wörter

Diktat mit Stoffangabe

Schwerpunkt: Wörter mit *s, ss, ß*

Schwierigkeitsgrad: mittel

Weitere Schwerpunkte	**Komma zwischen Haupt- und Nebensatz und zwischen Hauptsätzen**
Fehlergefährdete Wörter	– *Erdnüsse, fast, weiß, Erdnuss, aussieht, Hülse, zum Fressen, Zirkus, aßen, Genuss, schließlich, die meisten, bloß, die größten* – *Samen, Schale, entdeckten*
Mögliche Vorgaben	– *Indien, China* Hinweis auf die Schreibung der Zahl *140*

38 Erdnüsse

Fast jeder von uns weiß, | wie eine Erdnuss aussieht | und wie gut sie schmeckt. | Aber Erdnüsse sind keine Nüsse. | Erdnüsse sind Bohnen. | Da sie ihre Samen durch eine Hülse schützen, | gehören sie | wie Erbsen und Bohnen | zu den Hülsenfrüchten. | Nüsse dagegen | haben eine ganz harte und feste Schale. | In Amerika bekamen lange Zeit | nur die Schweine Erdnüsse zum Fressen. | Erst vor 140 Jahren | begann ein Zirkus(,) | in den Pausen | Erdnüsse in kleinen Tüten oder Dosen | auch für Besucher anzubieten. | Von da an entdeckten die Amerikaner | ihre Liebe zu dieser schmackhaften Bohne. | Sie aßen sie mit großem Genuss. | Schließlich gelangte die Erdnuss | auch nach Europa. | Die meisten glauben, | dass Erdnüsse | bloß in Amerika angebaut werden. | Das stimmt aber nicht, | denn die größten Anbaugebiete der Welt | liegen in Indien und China.

130 Wörter

Diktat mit Stoffangabe

Schwerpunkt: Wörter mit *s, ss, ß*

Schwierigkeitsgrad: hoch

Weitere Schwerpunkte	**Komma zwischen Haupt- und Nebensatz** *das / dass*
Fehlergefährdete Wörter	– *Schlüssel, weiß, passt, Schloss, lässt, passende, Preis, Sicherheitsschloss, schließt, verschlossen* – *Türriegel*
Mögliche Vorgaben	– *Zylinder, Millimeter, Zacken*

Der Schlüssel und sein Bart

Jeder weiß, | dass ein ganz normaler Schlüssel | einen Bart hat. | Nur wenn der richtig gebogen ist, | passt er ins Schloss. | Damit sich der Schlüssel | aber auch drehen lässt, | muss sein Bart die passende Form haben. | Erst dann kann der Türriegel bewegt werden. | Dieses einfache Schloss | bietet vor ungebetenen Gästen | meist keinen großen Schutz. | Die Haustür kann leicht überwunden werden. | Deshalb ist auch sein Preis nicht hoch. | Anders ist es beim Sicherheitsschloss. | Das sagt ja schon sein Name. | Hier muss sich ein Zylinder | im Inneren des Schlosses drehen, | damit die Tür geöffnet werden kann. | Dieser Zylinder | wird von mehreren Sicherheitsstiften gehalten. | Er kann nur bewegt werden, | wenn diese Stifte | genau um einige Millimeter angehoben werden. | Das besorgen die Zacken im Schlüssel. | Wenn auch nur ein Zacken | nicht die richtige Länge hat, | schließt der Schlüssel nicht(,) | und die Tür bleibt verschlossen.

144 Wörter

DIKTAT MIT STOFFANGABE

Schwerpunkt: Wörter mit *s, ss, ß*

Schwierigkeitsgrad: mittel

Weitere Schwerpunkte	**Komma zwischen Haupt- und Nebensatz** **Substantivierte Verben** – *zum Trinken, zum Vorbereiten, zum Waschen*
Fehlergefährdete Wörter	– *kostbar, fast, riesig, größte, die meisten, ungenießbar, schließlich, Flüsse, bloß, lässt* – *Planet, übrig, täglich*
Mögliche Vorgaben	Hinweis auf die Schreibung der Zahlen *3 000* und *100*

Wasser ist kostbar

Unsere Erde ist der einzige Planet, | auf dem es Wasser in großen Mengen gibt. | Selbst wenn man alle Berge abtragen | und in das Meer schütten würde, | wäre das Meer immer noch | fast 3 000 Meter tief. | Warum aber ist Wasser so kostbar, | wenn wir doch riesige Mengen davon besitzen? |
Der größte Teil des Wassers | hat einen hohen Salzgehalt. | Salzwasser ist aber für Menschen, | Tiere und die meisten Pflanzen ungenießbar. | Anders ist es bei Süßwasser. | Das meiste Süßwasser | kommt als Eis und Schnee | am Nordpol und am Südpol vor. | Für die Menschen bleibt schließlich | nur ein geringer Teil übrig. | Dieses Wasser befindet sich | in den Flüssen und Seen | oder als Grundwasser unter der Erde. | Bloß dieses Wasser | lässt sich zum Trinken, | zum Vorbereiten von Speisen | und zum Waschen nutzen. | Täglich benötigt jeder von uns | über 100 Liter Wasser.

139 Wörter

Diktat mit Stoffangabe

Schwerpunkt: Wörter mit *s, ss, ß*

Schwierigkeitsgrad: hoch

Weitere Schwerpunkte	**Fremdwörter** – *funktioniert, Thermometer, Temperaturmesser, Alkohol, Skala* **Komma zwischen Haupt- und Nebensatz**
Fehlergefährdete Wörter	– *weiß, fast, beim Messen, Erkenntnis, die meisten, flüssig, gasförmig, Flüssigkeiten, Glasröhrchen, geschlossen, meistens, misst* – *nutzt, gefärbt, luftleer*
Mögliche Vorgaben	– *Grad Celsius*

Wie funktioniert das Thermometer?

Das Thermometer ist ein Temperaturmesser. | Das weiß fast jeder. | Beim Messen von Temperaturen | nutzt man eine einfache Erkenntnis. | Die meisten festen, flüssigen | oder gasförmigen Stoffe | dehnen sich bei Erwärmung aus | und ziehen sich bei Abkühlung zusammen. |

Unser Thermometer beruht | auf der Wärmeausdehnung von Flüssigkeiten. | Es besteht aus einem Glasröhrchen. | Dieses ist innen sehr eng | und an beiden Seiten geschlossen. | Am unteren Ende ist eine Kugel, | in der sich Flüssigkeit befindet. | Meistens handelt es sich um Alkohol, | der rot oder blau gefärbt ist. |

Der Raum über dem Alkohol | ist luftleer. | Steigt die Temperatur an, | so steigt die Flüssigkeit im Röhrchen nach oben. | Geht die Temperatur wieder zurück, | so zieht sich die Flüssigkeit zusammen | und sinkt. |

Die genaue Höhe der Temperatur | kann an einer Skala abgelesen werden. | Bei uns misst man in Grad Celsius.

136 Wörter

Diktat mit Stoffangabe

Schwerpunkt: *das/dass*

Schwierigkeitsgrad: hoch

Weitere Schwerpunkte	**Komma zwischen Haupt- und Nebensatz** **Substantivierte Verben** – *zum Einstürzen, beim Marschieren, das Aufstampfen*
Fehlergefährdete Wörter	– *tatsächlich, marschiert, zugeführt, Gleichmäßigkeit, Festigkeit*
Mögliche Vorgaben	– *stabil, Energie* Hinweis: Das Komma vor *aber* im 6. Satz sollte mitdiktiert werden.

42 Was hält eine Brücke aus?

Eine Brücke ist ein Bauwerk, | das meist sehr stabil ist. | Man kann sich schwer vorstellen, | dass sie durch Fußgänger | zum Einstürzen gebracht werden kann. | Tatsächlich gelingt das aber | einer Gruppe von Fußgängern viel leichter | als mehreren schweren Lastwagen. | Wie ist das möglich? |

Wenn eine große Gruppe von Fußgängern | im Gleichschritt über eine Brücke marschiert, | beginnt die Brücke zu schwingen. | Beim Marschieren wird der Brücke | zwar wenig Energie zugeführt, | aber die Gleichmäßigkeit des Aufstampfens | mit den Füßen führt dazu, | dass die Energie | laufend verstärkt wird. | Auf diese Weise gerät | die Festigkeit der Brücke in Gefahr. | Darum ist es zum Beispiel Soldaten verboten, | dass sie im Gleichschritt | über Brücken marschieren.

113 Wörter

Diktat mit Stoffangabe

Schwerpunkt: ***das/dass***

Schwierigkeitsgrad: hoch

Weitere Schwerpunkte	**Komma zwischen Haupt- und Nebensatz**
Fehlergefährdete Wörter	– *Entdeckung, wichtigste, Geheimnisse, grundlegende, Erkenntnis, Wissenschaftler*
Mögliche Vorgaben	– *Archimedes, Sizilien* Hinweis auf die Schreibung der Zahl *2 000* Das Ausrufezeichen in der Überschrift sollte mitdiktiert werden, ebenso die beiden letzten Kommas im viertletzten Satz.

Ich habe es gefunden!

Die Sage berichtet, | dass Archimedes vor mehr als 2 000 Jahren | eine große Entdeckung machte. | Archimedes lebte | auf der damals griechischen Insel Sizilien | als Berater am Hofe des Königs.

Eines Tages setzte er sich in die Badewanne. | Dabei beobachtete er, | dass das Wasser anstieg und überlief. | Sofort kletterte er aus der Wanne | und rief: | „Ich habe es gefunden!“ |

Was hatte Archimedes gefunden? | Er hatte eines der wichtigsten Geheimnisse | der Natur entdeckt. | Es besagt, | dass man feste Körper | mit Hilfe (mithilfe) des Wassers, | das sie verdrängen, | messen kann. | Das war eine grundlegende Erkenntnis. |

Auf das Konto | dieses Wissenschaftlers des Altertums | kommen noch viele weitere Entdeckungen | und Erfindungen. | Heute gilt Archimedes | als der größte Mathematiker.

115 (114) Wörter

Diktat mit Stoffangabe

Schwerpunkt: Wörter mit *b/p, d/t, g/k*

Schwierigkeitsgrad: niedrig

Weitere Schwerpunkte	**Wörter mit** *ss/ß* – *Schweiß, überschüssig, lässt* **Wörter mit** *e/ä* – *Körperoberfläche, Wärme, lässt, heraushängen*
Fehlergefährdete Wörter	– *abgesondert, entzogen, Schleimhäute, atmet, verdunsten, notwendig, Temperatur*
Mögliche Vorgaben	– *hecheln* Hinweis: Die beiden Kommas sollten in der 5. Klasse mitdiktiert werden.

44 Können Hunde auch schwitzen?

Hunde können nicht schwitzen. | Wenn wir dagegen beim Sport | schnell laufen oder besonders lange | in der Sonne braten, | bricht uns der Schweiß aus. | Kleine Tröpfchen | werden auf der Haut abgesondert | und verdunsten. | Dadurch wird der Körperoberfläche Wärme entzogen(,) | und die Körpertemperatur sinkt. |

Ein Hund gibt seine überschüssige Wärme | über die Schleimhäute des Rachens | und vor allem über seine Zunge ab. | Bei großer Wärme lässt er seine Zunge | aus dem Mund heraushängen. | Er hechelt. | Er atmet besonders schnell, | damit die Luft über die Zunge geleitet wird. | So kann die Feuchtigkeit besser verdunsten(,) | und der Hund erreicht die notwendige Kühlung. | Aus diesem Grund bleibt | die Temperatur seines Körpers normal.

111 Wörter

Diktat mit Stoffangabe

Schwerpunkt: Wörter mit *b/p, d/t, g/k*

Schwierigkeitsgrad: niedrig

Weitere Schwerpunkte	**Wörter mit** ***e/ä*** – *Äpfel, reglos, Blätter, während, nächste*
Fehlergefährdete Wörter	– *Apfelwickler, überlebt, verpuppen, Falter, reglos, Krone, Abend, während* – *verspeisen*
Mögliche Vorgaben	Hinweis auf die Schreibung der Zahl *drei*

Der Wurm im Apfel

Die Würmer in den Äpfeln | sind die Raupen des Apfelwicklers. | Den ganzen Winter haben sie | unter der Rinde des Apfelbaumes verschlafen | und so den kalten Winter überlebt. | Im Frühjahr verpuppen sich die Raupen. | Nach etwa drei Wochen | schlüpfen aus den Puppen Falter. | Am Tage sitzen diese reglos | in der Krone des Baumes. | Am Abend und in der Nacht | fliegen sie auf die Blätter | und legen dort ihre Eier ab. | Während die Früchte reifen, | reifen auch die Raupen in den Eiern. | Nach einer Woche | kriechen die Raupen aus den Eiern. | Sie fressen sich sofort in den Apfel hinein. | Dort verspeisen sie das Fruchtfleisch | und die Kerne. | Danach kriechen sie zum nächsten Apfel.

115 Wörter

Diktat mit Stoffangabe

Schwerpunkt: Wörter mit *b/p, d/t, g/k*

Schwierigkeitsgrad: mittel

Weitere Schwerpunkte	**Wörter mit** ***e/ä*** – *zunächst, Segeltuch, Zelte, Goldgräber, gefährdete*
Fehlergefährdete Wörter	– *bekannte, Zelte, Goldgräber, grob, Nieten* – *russisch*
Mögliche Vorgaben	– *Jeans, Levi Strauss, Genua* Hinweis auf die Schreibung der Jahreszahl *1847* Das Komma nach der Infinitivgruppe zu Beginn des letzten Absatzes sollte mitdiktiert werden.

46 Wer hat die Jeans erfunden?

Die heute in aller Welt bekannte Jeans | wurde von dem deutschen Schneider | Levi Strauss erfunden. | Dieser war im Jahre 1847 | nach Amerika ausgewandert. | Zunächst verdiente er sich sein Geld | mit dem Handel mit Segeltuch | für Zelte und Pferdewagen. | Abnehmer waren vor allem | Farmer und Goldgräber. | Für Arbeitshosen war das Segeltuch | aber zu grob und zu steif. | Aus diesem Grund ersetzte es | der kluge und geschickte Schneider | durch ein weicheres und glatteres Gewebe | aus Baumwolle. | Diesen Stoff ließ er sich | aus Genua liefern. | Daraus entstand dann | die englische Bezeichnung Jeans. |

Um die Hosen haltbarer zu machen, | wurden die gefährdeten Stellen | mit Nieten aus Kupfer gesichert. | Daher kommt auch der Name Niethosen. | Diese Idee übernahm Strauss | von einem russischen Schneider. | Mit seinen Niethosen oder Jeans | verdiente Levi Strauss viel Geld.

133 Wörter

Diktat mit Stoffangabe

Schwerpunkt: Wörter mit *k/ck*

Schwierigkeitsgrad: mittel

Fehlergefährdete Wörter	– *Schokolade, Kakaobohnen, schickte, Entdeckung, schmackhaft, Plakate, Verpackungen* – *seit, gibt, nach Hause, wussten, versüßen, geheimnisvoll, Jahrzehnte, gelüftet*
Mögliche Vorgaben	– *Kolumbus, Spanier, Mexiko, Ureinwohner* Hinweis: Das Komma im 4. Satz nach *zubereiteten* sollte mitdiktiert werden.

Seit wann gibt es Schokolade?

Als Kolumbus die ersten Kakaobohnen | über den Ozean | nach Hause schickte, | wussten die Spanier | nichts mit ihnen anzufangen. | Die trockenen Bohnen | waren ihnen viel zu bitter. |

Erst nach der Entdeckung | und Eroberung Mexikos | bekamen die Spanier heraus, | warum Schokolade | so schmackhaft sein kann. | Sie beobachteten, | wie die Ureinwohner | die Kakaobohnen zubereiteten, | und gaben ihre Beobachtungen | an spanische Mönche weiter. | Diese kamen auf die Idee(,) | den Kakao mit Zucker zu versüßen. | Seit dieser Zeit | sind die Spanier Kakaotrinker. | Lange versuchten sie sogar (,) | die Herkunft der geheimnisvollen Bohnen zu verheimlichen. | Sie wollten das Geschäft | mit der Schokolade | nicht mit anderen Ländern teilen. | Doch nach wenigen Jahrzehnten | war das Geheimnis gelüftet. | Kakao und Schokolade | eroberten die Gaumen Europas. | Auf Plakaten | und auf den Verpackungen, | die die Fabriken herstellen ließen, | wurde sogar für den Kakao geworben.

137 Wörter

Diktat mit Stoffangabe

Schwerpunkt: Wörter mit *end/ent-*

Schwierigkeitsgrad: niedrig

Weitere Schwerpunkte	**Wörter mit *f/v*** – *verunsichern, Vorbilder, ungefährlich, führen*
Fehlergefährdete Wörter	– *entschließen, Entschluss, entwickeln, unendliche* – *Stars, die meisten*
Mögliche Vorgaben	– *Operation, Qualen* Hinweis: In der 5. Klasse sollten die Kommas in den beiden Satzgefügen und vor der Infinitivgruppe mitdiktiert werden.

48 Wer ist schön?

Jeder Mensch ist schön. | Leider denken vor allem junge Leute selten so. | Zu leicht lassen sie sich | von den Stars verunsichern. | Diese werden zu Vorbildern. | Die meisten jungen Mädchen | finden sich zu rundlich. | Manche machen Hungerkuren | oder entschließen sich sogar | zu einer Operation. | Dieser Entschluss ist | für die Gesundheit nicht ungefährlich. |

Während sich viele Mädchen | zu dick finden, | halten sich Jungen oft für zu mager. | Sie wollen einen Körper | voller Muskeln haben. | Manche nehmen deshalb | am Ende sogar Pillen ein. | Diese sollen die Muskeln entwickeln. | Dabei können die Pillen | auf Dauer lebenswichtige Organe | wie Leber, Magen und Nieren | schädigen. | In Deutschland sind solche Pillen verboten, | weil sie zu unendlichen Qualen | oder sogar zum Tode führen können. | Und das alles nur, | um schön zu sein.

127 Wörter

Diktat mit Stoffangabe

Schwerpunkt: Wörter mit *end/ent-*

Schwierigkeitsgrad: hoch

Weitere Schwerpunkte	**Wörter mit *h*/ohne *h* nach langem Stammvokal** – *entsteht, Fahrrad, entlangfährt, gerät, Fahrbahn, dehnt, Hohlraum, ausgehöhlt* **Komma zwischen Haupt- und Nebensatz**
Fehlergefährdete Wörter	– *entsteht, entlangfährt, entweder, entweicht, Enttäuschung, beendet, unendlich, entwickeln, Ende, entweichen* – *Felge, schmilzt, Material, Reparatur*
Mögliche Vorgaben	– *porös* Hinweis: Die Kommas im 1. und im vorletzten Satz sollten mitdiktiert werden.

Wie entsteht ein Schlagloch?

Wer mit seinem Fahrrad | auf einer schlechten Straße entlangfährt | und in ein tiefes Schlagloch gerät, | dem helfen auch die dicksten Reifen nicht. | Entweder wird die Felge beschädigt(,) | oder die Luft entweicht aus dem Reifen. | Dann ist die Enttäuschung groß(,) | und die Fahrt muss beendet werden. | Aber woher kommen die unendlich vielen Schlaglöcher? |
Schlaglöcher entwickeln sich | vor allem gegen Ende des Winters. | An porösen Stellen sammelt sich | unter der Fahrbahn Wasser, | das nicht entweichen kann. | Das Wasser dehnt sich aus, | wenn es zu Eis wird. | Dadurch hebt es | den Straßenbelag ein wenig an. | Wenn Tauwetter einsetzt | und das Eis schmilzt, | entsteht dort ein kleiner Hohlraum. | Vom Gewicht der Autos | wird die Straßendecke dann eingedrückt. | Nun dauert es nicht lange, | bis die Autoreifen das lose Material | zur Seite geschleudert haben | und ein tiefes Schlagloch ausgehöhlt ist. | Dann wird es höchste Zeit | für eine gründliche Reparatur.

147 Wörter

Diktat mit Stoffangabe

Schwerpunkt: Wörter auf *-ig, -lich, -isch*

Schwierigkeitsgrad: niedrig

Weitere Schwerpunkte	**Komma zwischen Haupt- und Nebensatz**
Fehlergefährdete Wörter	– *richtig, eisig, stürmisch, eigentlich, tatsächlich, völlig, nämlich* – *das Aufstehen, draußen, Körper, Hohlräume, transportiert, gebremst*
Mögliche Vorgaben	– *genauso*

50 So richtig nett ist es nur im Bett

Das Aufstehen am Morgen | fällt uns oft ziemlich schwer. | Wenn es im Winter draußen eisig kalt | oder stürmisch ist, | kommen wir kaum aus den Federn. | Unter dem Federbett ist es | so richtig gemütlich warm. | Stimmt es, | dass ein Federbett wirklich besser wärmt | als eine normale Decke? |
Eigentlich wärmt ein Federbett genauso | wie jede andere Bettdecke auch. | Beide verhindern | einen größeren Wärmeverlust des Körpers. | Aber das Federbett kann das tatsächlich besser. | Es hat im Inneren zwischen den Federn | viele kleine Hohlräume, | die völlig mit Luft gefüllt sind. | Luft transportiert die Wärme | nämlich nur sehr schlecht. | Deshalb wird beim Federbett | der Verlust der menschlichen Körperwärme | stärker gebremst | als bei einer federlosen Decke.

118 Wörter

Diktat mit Stoffangabe

Schwerpunkt: Wörter auf *-ig/-lich*

Schwierigkeitsgrad: mittel

Weitere Schwerpunkte	**Komma zwischen Haupt- und Nebensatz**
Fehlergefährdete Wörter	– *kräftig, ruhig, merkwürdig, zünftig, nämlich, üblich, allmählich* – *draußen, gedämpft, das Schreien, Schneeballschlacht, verschluckt, lässt, gewohnt*
Mögliche Vorgaben	– *zusammengepresst, reflektiert* Hinweis: Die Kommas im 5. Satz sollten mitdiktiert werden.

Schnee schluckt den Schall

Wenn es draußen kräftig geschneit hat, | wird es auf einmal viel ruhiger. | Alle Laute erscheinen uns merkwürdig gedämpft. | Selbst das Schreien der Jungen und Mädchen | bei einer zünftigen Schneeballschlacht | hört sich nicht so laut an. | Auch die Autos sind erstaunlich leise. | Das liegt nicht nur daran, | dass weniger Menschen mit dem Auto unterwegs sind, | sondern auch daran, | dass der Schnee den Schall verschluckt. | Der frische Schnee hat nämlich | viele kleine Zwischenräume, | in denen sich der Schall verliert. | Dieser wird nicht | wie sonst üblich reflektiert. | Wenn der Schnee aber nach einiger Zeit | zusammengepresst wird, | lässt die Wirkung allmählich nach. | Die Schallwellen können nun | von der viel glatteren Oberfläche | wie gewohnt reflektiert werden. | Mit der Ruhe ist es dann wieder vorbei.

123 Wörter

Diktat mit Stoffangabe

Schwerpunkt: Wörter auf *-ig/-lich*

Schwierigkeitsgrad: mittel

Weitere Schwerpunkte	**Wörter mit *e/ä*** – *Tränen, ärgerlich, nämlich, gefährlich, schwemmen, Quelle, Tränendrüsen, täglich*
Fehlergefährdete Wörter	– *traurig, ärgerlich, häufig, nämlich, empfindlich, gefährlich, eigentlich, täglich* – *vor dem Austrocknen, Abwehrstoffe, Flüssigkeit, Augenlider*
Mögliche Vorgaben	– *Bakterien* Hinweis: Die Kommas im letzten Satz sollten mitdiktiert werden.

52 Die Aufgabe der Tränen

Wenn wir traurig oder ärgerlich sind, | fließen häufig Tränen. | Aber für die Augen | sind Tränen eine richtige Waffe. | Sie schützen nämlich | unsere empfindliche Hornhaut | vor dem gefährlichen Austrocknen. | Außerdem enthalten sie | Abwehrstoffe gegen Bakterien. | Wenn uns ein Staubkorn | in die Augen fliegt, | schwemmen es die Tränen wieder heraus. |

Wo kommt die Tränenflüssigkeit eigentlich her? | Die Quelle liegt | in den äußeren Augenwinkeln. | Dort erzeugen die Tränendrüsen | täglich etwa einen Fingerhut voll Flüssigkeit. | Mit den Augenlidern wird sie | wie mit einem Scheibenwischer | auf dem Auge verteilt. | Wenn reichlich Tränen fließen, | sieht jeder, | dass wir wirklich weinen.

98 Wörter

DIKTAT MIT STOFFANGABE

Schwerpunkt: Wörter auf *-ig, -lich, -isch*

Schwierigkeitsgrad: niedrig

Weitere Schwerpunkte	**Wörter mit *h*/ohne *h* nach langem Stammvokal** – *gefährlich, herauszuziehen, mehrfach, lebensgefährlich*
Fehlergefährdete Wörter	– *geschmeidig, elastisch, schließlich*
Mögliche Vorgaben	Hinweis auf die Schreibung der Zahl *500* Das Komma nach der Infinitivgruppe im letzten Satz sollte mitdiktiert werden.

Wie gefährlich ist der Stich einer Biene?

Die Biene kann mit ihrem Stachel | auch Menschen stechen. | Nach dem Stich versucht sie(,) | den Stachel schnell wieder herauszuziehen. | Da aber die Haut des Menschen | sehr geschmeidig und elastisch ist, | gelingt ihr das nicht. | Der Stachel bleibt | in der Haut des Opfers stecken. | So muss die Biene ohne ihren Stachel wegfliegen. | An einer Stelle ihres Hinterleibes | bleibt eine Wunde zurück. | Daran stirbt sie schließlich. |

Wespen können ihren Stachel | dagegen ohne Probleme | aus der Haut des Menschen wieder herausziehen. | Sie können sogar mehrfach zustechen. |

Die Stiche von Bienen und Wespen | sind nicht lebensgefährlich. | Um einen gesunden Menschen zu töten, | müssten sie ihm 500 Stiche beibringen.

111 Wörter

DIKTAT MIT STOFFANGABE

Schwerpunkt: Fremdwörter

Schwierigkeitsgrad: hoch

Weitere Schwerpunkte	**Komma zwischen Haupt- und Nebensatz**
Fehlergefährdete Wörter	– *Zentrum, Ingenieure, Architekten, konstruiert, Millionen, Restaurant, Lifts, Sekunden, Spielzeugbox, interessant*
Mögliche Vorgaben	– *Aussichtsplattform* Hinweis auf die Schreibung der Zahlen *365, 30 Millionen, 200, 40* und der Jahreszahl *1969*

54 Der Berliner Fernsehturm

Der Fernsehturm ist mit seinen 365 Metern | das höchste Bauwerk in Berlin. | Er steht im Zentrum der Stadt. | So kann er von allen Seiten | gut gesehen werden. |

Die Berliner sind stolz auf ihren Fernsehturm | und auf die Ingenieure und Architekten, | die ihn konstruiert haben. | Seit der Eröffnung im Jahre 1969 | haben über 30 Millionen Menschen | den Fernsehturm besucht. |

In einer Höhe von 200 Metern | befindet sich eine große Kugel | mit einer Aussichtsplattform | und einem Restaurant. | Von dort hat man bei gutem Wetter | eine herrliche Aussicht über die ganze Hauptstadt. | Zwei schnelle Lifts | befördern die Gäste | in 40 Sekunden bis zur Kugel. | Aus dieser Höhe wirkt die Welt so klein | wie eine Spielzeugbox. |

Auch ein Besuch am Abend | kann sehr interessant sein. | In der Dunkelheit blickt man dann | auf ein großes Lichtermeer.

134 Wörter

Diktat mit Stoffangabe

Schwerpunkt: Fremdwörter

Schwierigkeitsgrad: niedrig

Weitere Schwerpunkte	**Komma in der Aufzählung**
Fehlergefährdete Wörter	– *moderne Apparate, Informationen, Temperatur, Kosmos* – *Windgeschwindigkeit, Luftfeuchtigkeit, zusätzlich*
Mögliche Vorgaben	– *Puzzle, Satelliten, präzise* Hinweis: Das Komma nach der Infinitivgruppe im 2. Satz sollte mitdiktiert werden.

Wie wird das Wetter?

Seit je versuchen die Menschen(,) | das Wetter vorherzusagen. | Früher haben sie einfach | ihren nassen Finger in die Höhe gehalten, | um die Windrichtung zu bestimmen. | Heute arbeiten Wetterforscher mit modernen Apparaten. | Ihre Vorhersagen beruhen auf Informationen | über Windgeschwindigkeit | und Windrichtung. | Auch Luftdruck, Luftfeuchtigkeit, | Temperatur und Gewitternähe | spielen dabei eine große Rolle. | Jede einzelne Information | ist wie ein Teilchen aus einem Puzzle. | Die Wetterforscher | setzen diese Teilchen zusammen | und können sich so ein Bild | von Temperatur, Bewölkung | und Niederschlag machen. | Zusätzlich helfen Satelliten aus dem Kosmos(,) | den Wetterbericht | immer präziser zu machen.

94 Wörter

Diktat mit Stoffangabe

Schwerpunkt: Fremdwörter

Schwierigkeitsgrad: hoch

Weitere Schwerpunkte	**Komma in der Aufzählung** **Komma zwischen Haupt- und Nebensatz**
Fehlergefährdete Wörter	– *Elektrizität, Funktion, elektrisch, Computer, Maschinen, Technik, Organisation, Mixer, Mikrowelle, Reaktion, Elektron, Elektrizität, Elektrotechnik, Konstruktion, Elektromotor* – *zu Hause, rätselhaft*
Mögliche Vorgaben	– *Toaster, CD-Spieler, DVD-Player, Interesse* Hinweis, dass der 1. Satz des 2. Abschnitts zwei Nebensätze enthält, die durch Kommas abgetrennt werden müssen.

56 Woher kommt der Name Elektrizität?

Was wären wir heute ohne Strom? | Wenn wir uns zu Hause umsehen, | erkennen wir schnell | seine Bedeutung und seine Funktion. | Ohne Strom hätten wir | kein elektrisches Licht, | keinen Fernseher, keinen Computer, keinen Kühlschrank | und viele andere Dinge mehr. | Die kleinen und größeren Maschinen im Haushalt | und all die andere Technik | erleichtern die Organisation unseres Lebens. | Toaster, Mixer, | Mikrowelle, Radio, | CD-Spieler und DVD-Player | gehören einfach dazu. |

Schon die alten Griechen wussten, | dass es rätselhaft knisternde Funken gibt, | wenn man ein Stück Bernstein reibt. | Sie nannten das Ergebnis dieser Reaktion | Elektron. | Von daher kommt der Name Elektrizität. | Aber die Griechen haben dieser Erscheinung | kein besonderes Interesse beigemessen. | Erst im 19. Jahrhundert | begann der Siegeszug der Elektrotechnik | mit der Konstruktion des Elektromotors, | der Erfindung der Glühlampe und des Telefons.

131 Wörter

Diktat mit Stoffangabe

Schwerpunkt: Fremdwörter

Schwierigkeitsgrad: mittel

Weitere Schwerpunkte	**Komma zwischen Haupt- und Nebensatz**
Fehlergefährdete Wörter	– *Computer, Programme, Dateien, Daten, Informationen, programmiert, imponieren* – *stürzt, entdeckt*
Mögliche Vorgaben	– *Viren, Virus, infiziert, Computerfreaks*

Wenn der Computer krank wird

Auch Computer können | von Viren befallen werden. | Jedenfalls nennen es die Fachleute so. | Computerviren sind aber | keine richtigen Viren, | sondern kleine Programme. | Sie dringen in andere Dateien ein | und gelangen so auf die Festplatte. | Dort vermehren sie sich weiter. |

Wenn das infizierte Computerprogramm | gestartet wird, | breitet sich das Virus aus | und verseucht die Festplatte. | In der Folge lassen sich | Programme nicht mehr starten(,) | und der Computer | stürzt häufig ab. | Dabei gehen manchmal | wichtige Daten und Informationen verloren. | Deshalb sollte der Computer mit einem Virenschutz ausgerüstet werden. |

Wer programmiert Computerviren? | Häufig sind es Computerfreaks, | die ihren Freunden | imponieren wollen. | Wenn sie entdeckt werden, | kann es für sie sehr teuer werden.

114 Wörter

Diktat mit Stoffangabe

Schwerpunkt: Fremdwörter

Schwierigkeitsgrad: hoch

Weitere Schwerpunkte	**Komma zwischen Haupt- und Nebensatz**
Fehlergefährdete Wörter	– *Detektiv, Motive, Lupe, Thermometer, Realität, Romanfigur, genial, Arzt, Kriminalroman, positiv, interessierten, Krimis* – *fast*
Mögliche Vorgaben	– *Sherlock Holmes, schottisch* Hinweis auf die Schreibung der Jahreszahlen *1887, 1927* und der Zahl *60* Das Komma vor *aber* im 3. Satz sowie die beiden Kommas im letzten Satz des 1. Abschnitts sollten mitdiktiert werden.

58 Der berühmteste Detektiv der Welt

Sherlock Holmes ist wohl | der berühmteste Detektiv der Welt. | Er lebte in England | und war dafür bekannt, | dass er alle Verbrechen aufklärte. | Er war so erfolgreich, | weil er bei seiner Arbeit mögliche Motive, | aber auch die kleinsten Kleinigkeiten beachtete. | Er trug ständig ein Meterband, | eine Lupe und manchmal sogar | ein Thermometer bei sich. | Mit Hilfe | (Mithilfe) dieser kleinen Dinge, | vor allem aber mit seinem scharfen Verstand, | löste er auch die schwierigsten Fälle. |

In der Realität hat es | Sherlock Holmes nie gegeben. | Er ist nur eine Romanfigur. |

Erfinder dieses genialen Meisterdetektivs | war ein schottischer Arzt. | Er schrieb 1887 einen Kriminalroman, | in dem Sherlock Holmes die Hauptrolle spielte. | Da das Buch sehr positiv aufgenommen wurde, | schrieb er bis 1927 | rund 60 weitere Romane. | Menschen aus aller Welt | interessierten sich für die spannenden Krimis, | sodass (so dass) sie in fast alle Sprachen der Welt | übersetzt wurden.

148 (146) Wörter

Diktat mit Stoffangabe

Schwerpunkt: Fremdwörter

Schwierigkeitsgrad: hoch

Weitere Schwerpunkte	**Komma in der Aufzählung** **Komma zwischen Haupt- und Nebensatz**
Fehlergefährdete Wörter	– *Detektive, Kriminalisten, technisch, Fotoapparat, Videokamera, Mikrofon, Computer, Kombinationsgabe, Serie, organisierte, Polizist, Polizei, private, Informationen* – *entdecken, Auftraggeber*
Mögliche Vorgaben	– *so viel wie, Franzose* Hinweis auf die Schreibung der Zahl *300* und auf die Anführungszeichen bei *Detektiv* und *entdecken*

Detektive

In manchen Ländern | heißen Kriminalisten Detektive. | Das Wort „Detektiv“ kommt aus dem Englischen. | Es bedeutet so viel wie „entdecken“. | Detektive sind also Entdecker, | die Verbrecher aufspüren. |

Früher besaßen Detektive | noch keine technischen Hilfsmittel | wie Fotoapparat, Videokamera, | Mikrofon und Computer. | Sie waren allein auf ihren Verstand, | ihre Kombinationsgabe, ihren Mut | und ihre Geschicklichkeit angewiesen. |

Einer der ersten Detektive | war ein Franzose. | Er lebte vor etwa 300 Jahren. | In jener Zeit erlebte Paris | eine Serie von Verbrechen. | Es waren organisierte Giftmorde, | die man bald einer Frau nachweisen konnte. | Der Detektiv konnte der Frau | eine Falle stellen. | Er verkleidete sich | und lockte sie in einen Garten. | Dort gab er sich | als Polizist zu erkennen | und verhaftete die Frau. |

Heute gibt es in allen Ländern der Welt | Detektive, | die der Polizei und privaten Auftraggebern | Informationen und Beweise aller Art verschaffen.

137 Wörter

Diktat mit Stoffangabe

Schwerpunkt: Substantive auf *-ung, -heit, -keit, -schaft, -nis*

Schwierigkeitsgrad: mittel

Weitere Schwerpunkte	**Komma zwischen Haupt- und Nebensatz** **Substantivierte Verben und Adjektive** – *tiefes und langes Einatmen, beim Gähnen, das Gähnen, zum Arbeiten, im Freien*
Fehlergefährdete Wörter	– *Leidenschaft, Müdigkeit* – *Körper, Sauerstoff, Aktion, kräftig*

60 Warum gähnen wir?

Gähnen ist ein besonders tiefes | und langes Einatmen. | Mund und Nase sind dabei | sehr weit geöffnet. | Manche Menschen dehnen beim Gähnen | mit Leidenschaft ihren ganzen Körper | bis zu den Zehenspitzen. | All dies sind Anzeichen | für die Ermüdung des Körpers. | Das Gähnen zeigt an, | dass die Versorgung des Gehirns | mit Sauerstoff und Blut | nicht mehr ausreicht. | Zum Arbeiten benötigt aber | unser Gehirn Sauerstoff. | Es lässt sonst in seiner Aufmerksamkeit nach. | Der Mensch wird bei jeder Gelegenheit schläfrig. | Das Gähnen soll dem Körper | durch tiefes Einatmen | wieder neuen Sauerstoff zuführen. |

Mit dieser Aktion allein | lässt sich aber | die Müdigkeit nicht überwinden. | Ein besseres Ergebnis erzielt man, | wenn man sich im Freien | an der frischen Luft kräftig bewegt. |

Wer auch davon nicht | wieder munter wird, | sollte sich unbedingt schlafen legen.

130 Wörter

Diktat mit Stoffangabe

Schwerpunkt: Substantive auf *-ung, -heit, -keit, -schaft, -nis*

Schwierigkeitsgrad: hoch

Weitere Schwerpunkte	**Fremdwörter** – *Turbinen, Flugkapitän, Elektronik, Maschine, primitive, Flugapparate, modernste* **Substantivierte Verben** – *vom Fliegen, das Drehen, ein Zittern, Brummen und Dröhnen, das Steigen*
Fehlergefährdete Wörter	– *Errungenschaft, Wagnis* – *jagt, fast, Großstadt, Jahrhundert*
Mögliche Vorgaben	– *Schubhebel, rasant*

Der Traum vom Fliegen

Langsam rollt das riesige Flugzeug | auf die Startbahn. | Das Drehen seiner Turbinen hört man kaum. | Der Flugkapitän bewegt den Schubhebel | langsam nach vorn. | Ein Zittern, Brummen und Dröhnen | geht durch das Flugzeug. | Die Turbinen laufen immer schneller. | Schwerfällig setzt sich die gewaltige Masse | aus Metall, Kunststoff und Elektronik | in Bewegung. | Donnernd und mit hoher Geschwindigkeit | jagt die Maschine auf der Rollbahn entlang. | Da hebt sich plötzlich das Flugzeug | in die Höhe. | Es beginnt das rasante Steigen in den Himmel. |

Heute ist fast jede Großstadt unserer Erde | ohne Schwierigkeiten durch die Luft erreichbar. | Und dabei war der Motorflug | erst eine Errungenschaft des vorletzten Jahrhunderts. | Früher war jeder Flug ein großes Wagnis. | Innerhalb von hundert Jahren | wurden aus den primitiven und wack(e)ligen Flugapparaten | modernste Flugzeuge. |

Aber der Traum vom Fliegen | ist so alt wie die Menschheit selber.

139 Wörter

Diktat mit Stoffangabe

Schwerpunkt: Substantivierte Verben und Adjektive

Schwierigkeitsgrad: mittel

Weitere Schwerpunkte	**Wörter mit** ***z, tz, zt, ts*** – *etwas Witziges, gekitzelt, das Kitzeln, Rätsel, stürzen, Schmerzen, Ärzte, spezielle*
Fehlergefährdete Wörter	– *vor Lachen, beim Lachen, etwas Lustiges oder Witziges, das Kitzeln, ihr Kreischen* – *Erwachsene, erschlafft, nämlich, Abwehrstoffe*
Mögliche Vorgaben	– *Viren*

62 Lachen ist gesund

Oft reicht der kleinste Anlass(,) | und wir lachen, dass der Bauch wackelt. | Kinder lachen viel häufiger | als Erwachsene. | Kleine Kinder machen vor Lachen | manchmal sogar in die Hose. | Das kommt dadurch, | dass beim Lachen die Blase erschlafft. | Besonders oft lachen wir, | wenn uns etwas Lustiges oder Witziges erzählt wird(,) | oder wenn wir gekitzelt werden. | Das Kitzeln ist für die Wissenschaftler | noch ein Rätsel. | Es klappt nämlich nur, | wenn man einen anderen kitzelt. |

Nach einem richtigen Lachanfall | schwimmen in unserem Blut | viel mehr Abwehrstoffe als sonst. | Diese stürzen sich | auf die Viren, | die Krankheiten verursachen. | So werden wir bei einem Schnupfen | schneller gesund. | Sogar Schmerzen spüren wir viel weniger. |

Ärzte verordnen deshalb auch | spezielle Lachbehandlungen. | Übrigens hat man herausgefunden, | dass auch einige Tierarten lachen können. | Vor allem Affen fallen | durch ihr lautes Kreischen auf.

136 Wörter

DIKTAT MIT STOFFANGABE

Schwerpunkt: Substantivierte Verben und Adjektive

Schwierigkeitsgrad: niedrig

Weitere Schwerpunkte	**Komma zwischen Haupt- und Nebensatz** **Wörter mit *h*/ohne *h* nach langem Stammvokal** – *fröhlich, das Hören, hört, ähnlich, Töne, nahe, fehlen*
Fehlergefährdete Wörter	– *beim Duschen, das Hören, unser Singen, beim Reden, beim Singen, im Freien* – *hinterlässt*
Mögliche Vorgaben	– *reflektiert* (nur in der 5. Klasse)

Singen macht gute Laune

Wer schon am Morgen beim Duschen | ein fröhliches Lied singt, | hat meistens gute Laune. | Sie wird durch das Hören des eigenen Gesangs | oft noch weiter gesteigert. | Warum ist das so? |
Unser Singen hört sich im Badezimmer | ganz besonders voll und kräftig an. | Beim Reden ist es ähnlich. | Da das Badezimmer meistens klein ist, | werden die Töne | von den nahen Wänden mehrfach reflektiert. | Es kommt dadurch | zu einer Verstärkung unseres Gesangs. | Beim Singen im Freien dagegen | verlaufen sich die Töne | in alle Himmelsrichtungen. | Hier fehlen ganz einfach die Wände, | die den Gesang reflektieren. | Unser Singen hinterlässt dadurch | keinen besonderen Eindruck.

103 Wörter

Diktat mit Stoffangabe

Schwerpunkt: Substantivierte Adjektive

Schwierigkeitsgrad: mittel

Weitere Schwerpunkte	**Komma in der Aufzählung** **Komma zwischen Haupt- und Nebensatz**
Fehlergefährdete Wörter	– *manch Seltsames, viel Neues und Interessantes, alles Unwesentliche und Überflüssige* – *entstanden, Blitze, zuckten, Hoffnung*
Mögliche Vorgaben	Hinweis, dass *zusammensaßen* und *weitererzählt* zusammenzuschreiben sind. Es sollte auch darauf hingewiesen werden, dass der 2. Satz zwei Nebensätze enthält, die beide durch Komma vom Hauptsatz abgegrenzt werden müssen. Das Komma nach der Infinitivgruppe am Ende des 1. Absatzes sollte mitdiktiert werden.

64 Wie Märchen entstanden sind

Als Märchen das erste Mal erzählt wurden, | wussten die Menschen | nur wenig über die Welt. | Wenn Blitze zuckten | und der Donner grollte, | glaubten sie, | dass dies das Werk von Geistern sei. | Wenn sie dann am Abend zusammensaßen, | berichtete jeder | von manch Seltsamem. | Oft kamen auch Wanderer, | die viel Neues und Interessantes | zu erzählen hatten. | Diese Geschichten | wurden dann auch weitererzählt. | Um sie spannender zu machen, | wurde alles Unwesentliche und Überflüssige weggelassen. |

Die Menschen beobachteten auch, | wie die anderen lebten. | Da gab es Schlauköpfe, | Dummköpfe, reiche Herren und Frauen, | arme Mägde und Knechte. | Immer wieder dachten die Menschen | über ihr Leben nach. | Mit den Märchen ordneten sie die Welt | nach ihren eigenen Vorstellungen. |

Märchen sind auf der ganzen Welt beliebt, | weil sie den Menschen | Mut und Hoffnung geben.

131 Wörter

Diktat mit Stoffangabe

Schwerpunkt: Substantivierte Verben

Schwierigkeitsgrad: hoch

Weitere Schwerpunkte	**Komma zwischen Haupt- und Nebensatz** **Wörter mit *h* / ohne *h* nach langem Stammvokal** – *hört, angenehm, ein Stöhnen, Erklärung, verursacht, bahnen, löst, Bohnenbaum, zum Dröhnen, Getöse, Ursache, unklar*
Fehlergefährdete Wörter	– *zum Schlafen, ein Heulen, Stöhnen und Winseln, das Stöhnen, das Wachsen, das Reiben, ein Knattern, unter Krachen, zum Dröhnen, das Schießen* – *gibt, Kanonendonner*
Mögliche Vorgaben	– *Bambuswald, Bambustriebe, Eukalyptusbäume* Hinweis: Das zweite Komma im viertletzten Satz *(Seine trockenen Hülsen ...)* sollte mitdiktiert werden.

Lärm im Wald

Wer sich in einem Bambuswald | zum Schlafen hinlegt, | wird dort schon vor Anbruch des Tages | von lauten Geräuschen geweckt. | Man hört ein nicht sehr angenehmes Heulen, | Stöhnen und Winseln. | Für diese Geräusche | gibt es eine einfache Erklärung. | Das Stöhnen wird durch das schnelle Wachsen | der Bambustriebe verursacht. | Sie bahnen sich einen Weg | durch die Blätter, | sodass (so dass) das Reiben an den Blatthüllen | diese seltsamen Laute erzeugt. | Laut geht es auch bei den Eukalyptusbäumen zu. | Mit einem Knattern löst sich | die alte Rinde vom Stamm. |

Großen Lärm verursacht auch der Bohnenbaum. | Seine trockenen Hülsen platzen | unter so lautem Krachen, | dass man meint, | es wären Pistolenschüsse. | Doch das ist alles nichts im Vergleich | zum Dröhnen des Kanonenbaumes. | Er gibt manchmal ein Getöse von sich, | das wie Kanonendonner klingt. | Die Ursache für das Schießen des Baumes | ist noch unklar.

140 (139) Wörter

Diktat mit Stoffangabe

Schwerpunkt: Anredepronomen in Briefen

Schwierigkeitsgrad: niedrig

Weitere Schwerpunkte	**Komma zwischen Haupt- und Nebensatz**
Fehlergefährdete Wörter	– *langweilst, Überraschung, Entschuldigung, plötzlich, überrascht, Neues*
Mögliche Vorgaben	– *genauso* Hinweis: Die beiden Ausrufezeichen im vorletzten und im letzten Satz sollten mitdiktiert werden, ebenso das Komma im vorletzten (*Stell dir vor, sie wohnt ...*) und im drittletzten Satz (*Sie war genauso überrascht ... und rief: „Anna, wie kommst du denn hierher?“*).

Anna schreibt einen Brief an ihre Freundin Linda

Liebe Linda, |

nun bin ich schon | seit einer Woche am Meer. | Es wird höchste Zeit, | dass ich dir einen Gruß sende. | Hier ist es wunderschön. | Jeden Tag verbringen wir | viele Stunden am Strand. | Ich hoffe, | dass du dich nicht zu sehr langweilst. | Wie ist das Wetter bei euch? | Gehst du mit deinen Eltern wieder ins Bad? | Nun muss ich dir noch | von einer großen Überraschung berichten. | Als ich gestern Vormittag | in der Ostsee tauchen war, | stieß ich mit einer Frau zusammen. | Ich war sehr erschrocken | und bat sie um Entschuldigung. | Plötzlich erkannte ich sie. | Weißt du, wer es war? | Es war unsere Schulleiterin. | Sie war genauso überrascht wie ich | und rief: | „Anna, wie kommst du denn hierher?“ | Stell dir vor, | sie wohnt hier nur zwei Häuser weiter! | Schreib mir, | was es bei dir Neues gibt!

Viele Grüße von
deiner Anna

148 Wörter

Diktat mit Stoffangabe

Schwerpunkt: Anredepronomen in Briefen

Schwierigkeitsgrad: hoch

Weitere Schwerpunkte	*das/dass*
Fehlergefährdete Wörter	– *Briefwechsel, geehrt, Nagetier, beim Fressen, zum Schreiben, Scherze, verehrtes Fräulein, entdeckt, schrecklich, wohnhaft*
Mögliche Vorgaben	– *Respekt, im Voraus* Hinweis: Die Kommas sollten mitdiktiert werden. Die beiden Gedichte werden nicht wie hier als fortlaufende Texte geschrieben, sondern in Versform untereinander. Dazu werden die Versanfänge an den durch Schrägstrich gekennzeichneten Stellen mitdiktiert.

Briefwechsel zwischen Erna und der Maus

Sehr geehrtes Nagetier, | / an meinem neuen Briefpapier | / fehlt seit heute früh, | was für ein Schreck, | / oben rechts ein großes Eck. | / Es war so schön und teuer, | / aber jetzt ist es reif für das Feuer. | / Ich habe zwar, | das muss ich gestehen, | / dich beim Fressen nicht gesehen, | / denn in der Nacht | sind meine Augen zu, | / doch ich vermute, | das warst du. | / Mein Briefpapier brauche ich zum Schreiben. | / Darum rate ich dir: | Lass künftig solche Scherze bleiben. | / Deine Erna

Verehrtes Fräulein Schülerin, | / Sie meinen, | dass ich es gewesen bin? | / Da muss ich rufen | voll Respekt, | / wie haben Sie das nur entdeckt? | / Ich war so frech und frei, | / von mir stammt die Nagerei. | / Ich nagte an Ihrem Papier | voll Kummer, | / denn ich hatte schrecklich Hunger. | / Darum legen Sie in Zukunft | Speck daneben, | / dann lasse ich künftig | Ihr Papier am Leben. | / Ich sage Ihnen im Voraus | besten Dank. | / Ihre Maus, | wohnhaft unter dem Schrank

156 Wörter

Diktat mit Stoffangabe

Schwerpunkt: Wörtliche Rede

Schwierigkeitsgrad: hoch

Weitere Schwerpunkte	**Anredepronomen** **Wörter mit *h* / ohne *h* nach langem Stammvokal** – *Festmahl, zu Ehren, in sich gekehrt, verehrter, vergeblich, Verehrerin*
Fehlergefährdete Wörter	– *Anekdote, Krügel, Wortschwall, überfiel, endlich, nehmen übel*
Mögliche Vorgaben	– *Wilhelm Busch* Hinweis: Die Kommas nach der betonten Anrede im 2. und im 6. Satz sollten mitdiktiert werden.

68 Zwei Anekdoten über Wilhelm Busch

Bei einem Festmahl zu seinen Ehren | saß Wilhelm Busch still | und in sich gekehrt da. | „Verehrter Meister, | dürfen wir nach so vielen Reden | auch auf ein paar Worte | von Ihnen hoffen?“, | wurde er gefragt. |
Busch nickte ergeben. | Dann schlug er an sein Glas. | Alle Augen hingen gespannt | an seinen Lippen. | Busch lächelte | ein wenig verlegen | und rief in die Stille: | „Kellner, bitte noch ein Krügel!“ |

Zu Busch kam einmal eine Dame, | die ihn mit einem Wortschwall überfiel. | Busch wollte sie mehrmals unterbrechen, | aber vergeblich. | „Ich muss Ihnen endlich einmal sagen, | dass ich schon lange | eine stille Verehrerin Ihrer Kunst bin“, | sprudelte die Dame hervor. | Busch strich sich den Bart | und meinte lächelnd: | „Nehmen Sie es mir nicht übel, | aber eine stille Verehrerin | habe ich mir doch ganz anders vorgestellt.“

134 Wörter

DIKTAT MIT STOFFANGABE

Schwerpunkt: Wörtliche Rede

Schwierigkeitsgrad: mittel

Weitere Schwerpunkte	**Wörter mit *ä*** – *gefräßig, mästete sich, während, nährst, hättest*
Fehlergefährdete Wörter	– *herabgefallene, undankbares Vieh, endlich, grunzte, wüsste, meinetwegen*
Mögliche Vorgaben	Hinweis: Die beiden Kommas im letzten Satz sollten mitdiktiert werden, ebenso das Komma vor der Infinitivgruppe am Ende des 1. Absatzes.

Die Eiche und das Schwein

Ein gefräßiges Schwein | mästete sich | unter einer hohen Eiche | mit der herabgefallenen Frucht. | Während es die eine Eichel zerbiss, | verschluckte es bereits eine andere | mit dem Auge. | „Undankbares Vieh!“, | rief endlich der Eichbaum herab. | „Du nährst dich von meinen Früchten, | ohne einen einzigen dankbaren Blick | auf mich in die Höhe zu richten.“ |

Das Schwein hielt einen Augenblick inne | und grunzte zur Antwort: | „Meine dankbaren Blicke | sollten nicht ausbleiben, | wenn ich nur wüsste, | dass du deine Eicheln | meinetwegen hättest fallen lassen.“

85 Wörter

Diktat mit Stoffangabe

Schwerpunkt: Komma in der Aufzählung

Schwierigkeitsgrad: mittel

Weitere Schwerpunkte	**Komma zwischen Haupt- und Nebensatz** **Substantivierte Verben** – *im Ringen, Laufen, Boxen und Pferderennen*
Fehlergefährdete Wörter	– *mächtigster, griechisch, beschützte, Familien, besaß, errichtet, berühmt, geweihte, Tradition*
Mögliche Vorgaben	– *Zeus, Olymp, Olympia, Olympische Spiele* Hinweis: Das Komma in der Überschrift sollte mitdiktiert werden.

70 Zeus, der Vater aller Götter

Zeus galt als mächtigster Gott der Erde. | Er war Herr über alle Götter, | Menschen und Tiere. | Vom griechischen Berg Olymp | beschützte er das Land, | die Häuser, die Familien. | Er sorgte für Gerechtigkeit, | Freiheit und Zufriedenheit. | Er achtete auch darauf, | dass Verträge eingehalten wurden. |

Zeus besaß große Macht. | Wenn er mit den Augen zuckte, | donnerte und blitzte es. | Er konnte sich auch | in ein Tier verwandeln. | Wer sich an Abmachungen, | Verträge und Gesetze nicht hielt, | den bestrafte er hart. |

Für Zeus hatte man viele Heiligtümer errichtet. | Berühmt wurde vor allem | der ihm geweihte Tempel in Olympia. | Dort fanden alle vier Jahre | die Olympischen Spiele statt. | Griechen aus vielen Städten | kämpften um den Sieg | im Ringen, Laufen, | Boxen und Pferderennen. | Die Tradition der Olympischen Spiele | ist also schon sehr alt.

133 Wörter

Diktat mit Stoffangabe

Schwerpunkt: Komma in der Aufzählung

Schwierigkeitsgrad: mittel

Weitere Schwerpunkte	**Komma zwischen Haupt- und Nebensatz**
Fehlergefährdete Wörter	– *seit, ständig, Werbematerialien, Verpackungsmaterial, abgeholzt, Fabriken, Weißmacher, schonen*
Mögliche Vorgaben	– *Papierservietten, Toilettenpapier, Quecksilber* Hinweis auf die Schreibung der Zahl *200* und der Maßangabe *200 Kilogramm* Das Komma nach der Infinitivgruppe im 2. Abstz sollte mitdiktiert werden.

Papier verbraucht Wälder

Papier wird erst seit 200 Jahren | in größeren Mengen hergestellt. | Damals fand man heraus, | dass sich Papier | aus einem feinen Holzbrei herstellen ließ. | Der Papierverbrauch | ist seit dieser Zeit ständig gestiegen. | Noch nie gab es so viele Zeitungen, | Zeitschriften, Werbematerialien, | Hefte und Bücher wie heute. | Papier dient auch als Verpackungsmaterial. | Papiertaschentücher und Papierservietten | sowie Toilettenpapier und Küchenpapier | sind aus unserem Leben | nicht mehr wegzudenken. |

Jeder Deutsche verbraucht im Jahr | etwa 200 Kilogramm Papier. | Um diese großen Mengen herzustellen, | benötigt man viele Bäume. | Riesige Wälder auf der ganzen Welt | sind schon für die Papierherstellung | abgeholzt worden. | Damit das Papier schön weiß wird, | hat man früher das giftige Quecksilber eingesetzt. | Heute gibt es aber schon viele Fabriken, | die andere Weißmacher einsetzen | und dadurch unsere Umwelt schonen.

127 Wörter

Diktat mit Stoffangabe

Schwerpunkt: Komma zwischen Haupt- und Nebensatz

Schwierigkeitsgrad: niedrig

Weitere Schwerpunkte	**Wörter auf *-ig, -lich, -isch*** – *vermutlich, störrisch, plötzlich, schließlich, giftig* **Wörter mit *h* / ohne *h* nach langem Stammvokal** – *schmal, stur, Sturheit, ziehen*
Fehlergefährdete Wörter	– *stürzen, Beweis, reagieren, weiterzulaufen*
Mögliche Vorgaben	Hinweis: Doppelpunkt und Anführungszeichen sollten mitdiktiert werden, ebenso das Komma vor dem Infinitiv im 2. Absatz.

72 Sind Esel dumm?

Unter allen Huftieren schneidet der Esel | bei Tests am besten ab. | Er ist ziemlich schlau. | Kein Esel betritt einen unsicheren Weg. | Über schmale Brücken und Pfade | geht er nur, | wenn man es ihm vormacht. | Im Gegensatz zu Ziegen und Kühen | bewegt sich ein Esel sehr vorsichtig | in schwierigem Gelände. | Einem Esel kann man also ruhig folgen. |

Sie gelten vermutlich als dumm, | weil sie sehr stur sind. | Aber diese Sturheit ist ein Beweis | für ihre Klugheit. | Sie haben meistens einen Grund, | wenn sie störrisch reagieren. | Ein Bauer berichtete, | dass sein Esel plötzlich stehen blieb. | Selbst derbe Schläge konnten ihn nicht dazu bewegen, weiterzulaufen. | Als er ihn schließlich ziehen wollte, | wurde er von einer giftigen Schlange gebissen. | Diese befand sich die ganze Zeit | auf dem Pfad vor dem Esel.

130 Wörter

Diktat mit Stoffangabe

Schwerpunkt: Komma zwischen Haupt- und Nebensatz

Schwierigkeitsgrad: mittel

Weitere Schwerpunkte	**Wörter mit *e/ä*** – *Frostgrenze, Kälte, fällt, sich ärgern*
Fehlergefährdete Wörter	– *Gemüsebeet, Frühjahr, wachsen, gefrieren, umgibt, Hohlräume, passiert, ziemlich, entfernen*
Mögliche Vorgaben	– *Hobbygärtner*

Woher kommen die Steine | auf dem Gemüsebeet?

Viele Hobbygärtner wundern sich jedes Frühjahr | über die vielen neuen Steine auf den Beeten. | Sie scheinen dort zu wachsen. | Steine können jedoch nicht auf einem Acker | oder Gemüsebeet angebaut werden. | Woher kommen sie aber dann? |

Im Winter gefrieren die oberen Bodenschichten. | Dabei wandert die Frostgrenze immer tiefer. | Steine leiten die Kälte besser | als die Erde, die sie umgibt. | Wenn sie sich an der Frostgrenze befinden, | gefriert unter ihnen | auch das vorhandene Wasser. | Dadurch werden die Steine | ein kleines Stück nach oben gedrückt. | Wenn es taut, | fällt die lockere Erde | in die entstandenen Hohlräume unter den Steinen. | Nun passiert es im Winter ziemlich häufig, | dass die Frostgrenze einmal nach oben | und einmal nach unten wandert. | Auf diese Weise werden immer mehr Steine | nach oben befördert. | Darüber ärgern sich natürlich | die Hobbygärtner sehr, | weil sie die Steine entfernen müssen.

144 Wörter

Diktat mit Stoffangabe

Schwerpunkt: Komma zwischen Haupt- und Nebensatz

Schwierigkeitsgrad: mittel

Weitere Schwerpunkte	*das/dass*
Fehlergefährdete Wörter	– *schmackhaft, dorthin, interessant, Stachelbeeren, Export, nämlich, Wahrzeichen*
Mögliche Vorgaben	– *Kiwis, China, Europäer, Neuseeland, chinesisch* Hinweis auf die Schreibung der Zahlen *150* und *50* sowie der Jahreszahl *1959*

74 Woher kommen die Kiwis?

Die Heimat der Kiwis ist China. | Dort fanden Europäer vor 150 Jahren | die schmackhaften Früchte vor. | Es stimmt also nicht, | dass sie aus Neuseeland stammen. | Dorthin gelangten sie erst 50 Jahre später. | Da das Klima in Neuseeland | die Kiwis sehr schnell wachsen ließ, | wurden die Früchte | bald in großen Mengen angebaut. | Interessant ist, | dass es den Namen Kiwi | erst seit 1959 gibt. | Vorher nannte man sie in jedem Land anders. | In Deutschland waren sie zum Beispiel | als chinesische Stachelbeeren bekannt. | Mit der Umbenennung in Kiwi | wollten die Neuseeländer | den Export der Früchte fördern. | Den Namen Kiwi trägt nämlich | ein großer Vogel, | der nur in Neuseeland vorkommt. | Er gilt als Wahrzeichen dieser schönen Inseln. |
Der neue Name sollte auch die Frucht | auf immer mit Neuseeland verbinden. | Das scheint inzwischen gelungen zu sein, | weil bei Kiwi die meisten Menschen | an Neuseeland denken.

144 Wörter

DIKTAT MIT STOFFANGABE

Schwerpunkt: Komma zwischen Haupt- und Nebensatz

Schwierigkeitsgrad: niedrig

Weitere Schwerpunkte	**Komma in der Aufzählung** **Wörter mit Doppelkonsonanten** – *Baggerloch, Müllkippe, gefällt*
Fehlergefährdete Wörter	– *Baggerloch, Waschmaschinen, verschwand, Gedächtnis, Tonschicht, zum Abdichten*
Mögliche Vorgaben	– *Mülldeponie, Deponie, Folie*

Was ist eine Mülldeponie?

Früher wurde einfach eine ehemalige Kiesgrube, | ein Steinbruch oder ein Baggerloch | als Müllkippe benutzt. | Dort kam der ganze Abfall hinein. | Auch Fernseher, Kühlschränke, | Waschmaschinen und alte Autoreifen | landeten dort. | Wenn die Grube voll war, | wurde sie mit einer Schicht Erde abgedeckt. | Damit verschwand der Müll aus den Augen | und aus dem Gedächtnis der Leute. |

Heute gibt es strenge Vorschriften | für die Einrichtung einer Mülldeponie. | Es muss vor allem darauf geachtet werden, | dass das Wasser der Deponie | nicht in das Grundwasser gelangt. | Wenn keine natürliche Tonschicht vorhanden ist, | nimmt man Folie zum Abdichten. | Moderne Mülldeponien bestehen aus einzelnen Zellen. | Wenn die Zellen gefüllt sind, | werden sie mit Erde bedeckt.

112 Wörter

Diktat ohne Stoffangabe
Schwierigkeitsgrad: niedrig

Fehlergefährdete Wörter	– *Amerikaner, berühmt, Idee, Figur, Trickfilm, Schnäuzchen, Röhren, eigentlich, Kaninchen*
Mögliche Vorgaben	– *Mickymaus, Walt Disney* Hinweis auf die Schreibung der Jahreszahl *1927*

76 Mickymaus

Als Vater der Mickymaus | gilt der Amerikaner Walt Disney. | Er hat sie berühmt gemacht. | Aber er hat sie nicht erfunden. | Sie wurde im Jahre 1927 | von einem seiner Mitarbeiter gezeichnet. | Den Namen Mickymaus | erhielt sie von Frau Disney. | Nur die Idee für diese Figur | kam von dem berühmten Walt Disney selbst. | Für den Trickfilm | musste sie einfach zu zeichnen sein. | Daher bestand der Kopf mit dem Schnäuzchen | aus einem Kreis. | Die Ohren waren auch Kreise. | So konnte sie immer | in gleicher Weise gezeichnet werden. | Die Beine sahen aus wie Röhren. | Die Maus sollte wie ein Junge | in den Schuhen seines Vaters aussehen. | Eigentlich war das Kaninchen | für die Hauptrolle vorgesehen. | In der ganzen Welt aber | wurde die kleine Maus berühmt. | Damit hatte keiner gerechnet.

125 Wörter

DIKTAT OHNE STOFFANGABE
Schwierigkeitsgrad: mittel

Fehlergefährdete Wörter	– *gefährlich, Kolonnen, messerscharfe Kiefer, Fleischstückchen, herausschneiden, Gefahr, Vieh*
Mögliche Vorgaben	Hinweis auf die Schreibung der Zahl *hundert*

Die gefährlichen Wanderameisen

Wanderameisen haben keinen festen Lebensraum. | Sie wandern die meiste Zeit ihres Lebens | in Kolonnen umher, | die viele hundert Meter breit sein können. | Auf ihrem Wege verschlingen sie alles, | was sich bewegt. | Sie haben messerscharfe Kiefer. | Damit können sie aus ihren Opfern | Fleischstückchen herausschneiden. | Selbst ein großes Tier | ist in wenigen Minuten | bis auf die Knochen abgenagt, | wenn es in ihre Umzingelung gerät. | Sie verspeisen angebundene Hunde, | in Ställe gesperrte Schweine, | Ziegen und Hühner. |
Aber die Gefahr für den Menschen | wird oft übertrieben. | Wenn Wanderameisen zum Beispiel | ein Dorf in Afrika angreifen, | verlassen die Bewohner | in aller Ruhe ihre Häuser. | Sie nehmen ihr Vieh | und ihre Haustiere mit. | Dafür vernichten dann die Ameisen | alle Ratten, Mäuse, Schlangen und Spinnen. | Und das ist schon viel wert.

127 Wörter

Diktat ohne Stoffangabe
Schwierigkeitsgrad: mittel

Fehlergefährdete Wörter	– *gibt, Energie, zu Hause, nebeneinanderlegen, gar nicht, verlorengehen*
Mögliche Vorgaben	– *Asphalt, Beton, viermal so groß wie* Hinweis auf die Schreibung der Zahlen und Maßangaben *100 Quadratmeter, 80 Kilometer* Die Kommas sollten mitdiktiert werden.

78 Beton für Autos

Für jedes Auto in Deutschland | gibt es schon 100 Quadratmeter Fläche | aus Asphalt oder Beton. | Autos verbrauchen also | nicht nur Rohstoffe und Energie. | Sie benötigen auch Platz. | Für jedes Auto in Deutschland | gibt es mehr Parkfläche, | als im Durchschnitt zu Hause | für ein Kind zur Verfügung steht. |

Würde man die deutschen Straßen nebeneinanderlegen, | so ergäbe das eine Fläche | von 80 Kilometer Breite | und 80 Kilometer Länge. | Das wäre viermal so groß | wie die Insel Rügen. | Das Regenwasser hätte auf einer so riesigen Fläche | gar nicht mehr die Möglichkeit(,) | zu versickern | oder sich als Grundwasser anzusammeln. | Auf einer solchen Fläche | könnten auch keine Pflanzen wachsen, | die die Luft filtern | und die Feuchtigkeit an die Luft abgeben. | Deshalb darf nicht noch mehr | wertvoller Boden verlorengehen. *126 Wörter*

Diktat ohne Stoffangabe
Schwierigkeitsgrad: hoch

Fehlergefährdete Wörter – *Mülllawine, Gesellschaft, weggeworfen, zum Wegwerfen, Supermarkt, eingeschweißt, Jogurt (Joghurt), Plastikbecher, verschweißt, Pralinen, Büchsen, Wohlstand, offensichtlich, Industriestaaten*

Mögliche Vorgaben – *Folie*
Hinweis auf die Schreibung der Zahl *20*

Die Mülllawine rollt

Wir leben in einer Gesellschaft, | in der viel weggeworfen wird. | Bei Feiern benutzen wir | Geschirr zum Wegwerfen. | Nach einem Einkauf im Supermarkt | kommen wir mit kleinen und großen Tüten wieder heraus. | Die Gurke ist eingeschweißt, | obwohl sie eine Schale hat. | Jogurt (Joghurt) und Sahne bekommen wir in Plastikbechern. | Das abgepackte Fleisch liegt(,) | in einer Folie verschweißt(,) | in einer Plastikschale. | Die Pralinen sind in mehrere Lagen Pappe | und Kunststoff gewickelt. | Und die Cola wird oft in Büchsen verkauft. |
Vor 20 Jahren wurden Windeln noch gewaschen. | Heute gibt es sie zum Wegwerfen. | Wohlstand ist offensichtlich mit Müll verbunden. | Das muss aber nicht sein. | Länder wie die Schweiz | und Schweden zeigen, | dass es auch anders geht. | Von allen Industriestaaten | wird dort am wenigsten weggeworfen.

124 Wörter

Quellenverzeichnis

9 Nach: Freie Presse v. 24.5.2002, S. A2 | **10** Nach: Schulze, M.: Sag mir, wo der Pfeffer wächst. Münster: Ökotopia 1997, S. 40 | **11, 14, 22, 27, 29, 36, 45, 49, 53, 65, 77** Nach: Akimuschkin, I.: Launen der Natur. Leipzig: Brockhaus 1988, S. 76ff., 299f., 115ff., 150, 51ff., 83f., 130, 66, 120f., 308, 182f. | **12** Nach: Stable, M.: Wissen für Kinder. Zug: Planet Medien 1995, S. 35 | **13, 31** Nach: Tu was! (1999), Nr. 4, S. 10 | **15, 25, 52** Nach: GEOlino (2000) H. 3, S. 19ff., 44ff. | **16, 55** Nach: Wyatt, V.: Potzblitz, staunt der Wetterfrosch. Würzburg: Arena 1991, S. 14ff., 61ff. | **17** Nach: Vogel, S.: Wissen für Kinder. Der Mensch. Zug: Planet Medien 1994, S. 92 | **18** Nach: Landa, N.: Warum wackeln Wolkenkratzer? Würzburg: Arena 1993, S. 32 | **19, 60** Nach: Warum? Weshalb? Wieso? Bd. 4. Hrsg. v. Carola Hendel. Berlin: Junge Welt 1986, S. 16, 43 | **20** Nach: GEOlino (2000), H. 4, S. 36ff. | **21** Nach: Limousin, O.: Die Geschichte vom Papier. Ravensburg: Maier 1991 | **24, 71, 75, 79** Nach: Veit, B.; Wolfrum, C.: Das Buch vom Müll. Ravensburg: Maier 1992, S. 14f., 68f., 34f., 30f. | **28, 37, 39, 42, 50, 51, 63, 73** Nach: Nikol, F.; Witznick, J.: Warum? Physik rund um die Uhr für Schulmuffel und andere Schlaumeier. Ravensburg: Maier 1990, S. 195, 215, 160, 83, 10, 56, 43, 183 | **40, 41** Nach: Warum? Weshalb? Wieso? Bd. 2. Hrsg. v. Carola Hendel. Berlin: Junge Welt 1985, S. 12f., 10 | **46** Nach: Freie Presse v. 7.6.2002 | **48** Nach: Tu was! (2002), Nr. 5 | **54** Nach: Lachmann, M.: Tagestouren mit Kindern. Berlin: Argon 1995, S. 79 | **57** Nach: Tu was! (1999), Nr. 1 | **58, 59** Nach: Crummenerl, R.: Tatort, Spuren, Alibi. Berlin: Kinderbuchverlag 1985, S. 62f., 17ff. | **61** Nach: Braunburg, R.: Fliegerei und Luftfahrt. Nürnberg: Tessloff 1993, S. 4 | **62** Nach: GEOlino (2000), H. 6, S. 28ff. | **64** Nach: Warum? Weshalb? Wieso? Bd. 1. Hrsg. v. Carola Hendel. Berlin: Junge Welt 1987, S. 46f. | **67** Nach: Guggenmos, J.: In: Limousin, O.: Die Geschichte vom Papier. Ravensburg: Maier 1991 | **68** Nach: Buscha, A. und J.: Wortspielereien. Leipzig: Bibliogr. Inst. 1986, S. 42 | **69** Lessing. G. E.: Die Eiche und das Schwein. In: Fabeln und Parabeln von Äsop bis Brecht. Hrsg. v. Grete Ebner-Eschenhaym. Leipzig: Insel 1996, S. 90 | **70** Nach: Köhn, J.: Götter, Helden, Ungeheuer. Berlin: Kinderbuchverlag 1988, S. 78f. | **78** Nach: Haak, E.: Kinder haben Vorfahrt. Berlin: Elefanten Press 1995, S. 28

Weiterführende Literatur

- Fix, M.: Möglichkeiten des differenzierten Umgangs mit Diktaten. In: Praxis Deutsch 108 (1997)
- Ludwig, O.: Vom diktierenden zum schreibenden Autor. In: Feilke, H.; Portmann, P.: Schreiben im Umbruch. Schreibforschung und schulisches Schreiben. Stuttgart: Klett 1996
- Menzel, W.: Diktieren und Diktiertes aufschreiben. In: Praxis Deutsch 142 (1997)